世界の先が読める「思考」と「知識」の法則

フローとストック

細谷功

KADOKAWA

はじめに

- なぜ、人々が快適に暮らすために、あるいは会社などの組織を円滑に機能させるためにつくられたはずのルールや規則が、しばしば理不尽な障害となって目の前に立ちはだかるのか？
- なぜ、「革新的な技術や商品を生み出すためには常識にとらわれてはいけない」と多くの識者が語っているにもかかわらず、多くの会社はいっこうに「変わる」ことができず、意味がないと思えるような施策に固執するのか？
- なぜ、イノベーターとも称されるゲームチェンジャーたちは「馬鹿者」「よそ者」「若者」よろしく、かつて「変人」扱いされ、当時の多数派に批判されて「迫害」された歴史をもつのか？
- なぜ、誰もが家族や友人を大切にし、それを失う戦争を望んでいないにもかかわらず、いついかなる時代にも、戦争が起こるのか？

- なぜ、少し前までは誰にとっても当たり前だった「常識」が、あるきっかけで陳腐化し、まったく別の「常識」に置き換わるのか？　私たちはその変化をどうして自然に受け入れるのか？

＊

右記で挙げた問いは一見、まったくバラバラなものだと思われるかもしれません。しかし、いずれの問いにも共通する構造的な法則がじつは存在している、といわれたらどう思われるでしょうか。

本書の主題であり目的は、「世の中の具体的な個別の事象を抽象度を上げて連続的に捉えることで、その変化のメカニズムからさまざまな事象を説明し、次に起きる出来事の予想を可能にする」ということです。そして本書を読み終えていただいたとき、右記の問いに潜む構造的な法則が、手にとるように理解できるようになっていることでしょう。

「抽象度を上げて」と記したとおり、人類は抽象化という強力な武器を手にしたことによって、複雑な事象を言語化やカテゴリー化、数値化、デジタル化、モデル化などの抽象化で捉え、数々の理論や技術や解決策を編み出してきました。

本書のアプローチも同じです。つまり事象を思い切り単純化して捉えることで、多くの個別事象の根本にある構造的な法則を摑《つか》むのです。

＊

その目的を達成するために、本書は大きく分けて二つの軸を準備します。一つ目の軸は、まさにその「抽象」を含む「具体と抽象」です。

拙著『具体と抽象』（dZERO）をはじめ、筆者はこれまでさまざまなかたちでこの「具体と抽象」について論じてきました。詳細は『具体と抽象』やそのエッセンスを要約した本書の第2章に譲りたいと思いますが、この「具体と抽象」は人間の知的能力、とりわけ「考える」ことを語るためには必要不可欠です。

本書ではこの「具体と抽象」について、その範囲をこれまで主として述べてきた「個人の頭のなか」から大きく広げ、集団や社会の動きにも適用していきます。個人が集まって構成される集団や社会の動きは、当然ながら個人の思考回路を反映するものになっているはずだからです。

この「具体と抽象」に加え、本書の二つ目の軸が、書名にもなっている「フローとストック」です。

この「フローとストック」という概念は、これまで経済学やシステムダイナミクスなどの領域で用いられてきたものですが、フローとは何らかの変化であり、ストックとはその結果生じる状態である、と捉えると、私たちの身の回りにある物理的な変化を伴う存在から、個人や組織、あるいは世界の動きというマクロ的な事象までのほとんどを、時間軸を伴って汎用的に記述することが可能になります。

本書では、この「フローとストック」という概念を「具体と抽象」と同じように「考える」こと、もう少し正確にいえば「思考と知識の関係」(ここではフローが思考、ストックが知識)に当てはめたうえで、議論を展開していきます。

*

この「具体と抽象」と「フローとストック」の二軸を本書は論じていきますが、それに加えて「具体と抽象」を横軸に、そして「フローとストック」を縦軸にしたうえで、この二軸からなる「CAFS《キャフス》マトリックス」(C：Concrete〔具体〕、A：Abstract〔抽象〕、F：Flow〔フロー〕、S：Stock〔ストック〕の頭文字をつなげたもの)という、新たなフレームワークを導入します。

この「CAFSマトリックス」によって、こちらも詳しい内容は本書内に譲りますが、「静的」な視点である「具体と抽象」と「動的」な視点である「フローとストック」が組み合わされ、そこから「これまで人類がたどってきた歴史や現在の世界が従っている法則を明らかにする」ことが、先に述べたように、本書がめざす大胆な目的です。

そのために、第1章では「フローとストック」について、そして第2章では「具体と抽象」について、それぞれ議論を進めます。第3章ではその組み合わせである「CAFSマトリックス」の考え方を紹介し、続く第4章ではそのマトリックスをサイクルとして捉え、それを動的に駆動させることによって、いかに世界がこのマトリックスの法則に従っているのか、ということを明らかにしていきたいと思います。

＊

そしてもちろん、この「CAFSマトリックス」を提示する意味は、それを世の中の事象に当てはめてみる、ということだけにとどまりません。

VUCA（Volatility〔変動性〕、Uncertainty〔不確実性〕、Complexity〔複雑性〕、Ambiguity〔曖昧性〕の頭文字をとった、現代社会の特徴を示す造語）ともいわれる先が見えない世界のなかで、

「ＣＡＦＳマトリックス」を自身でさまざまな事象に応用し、そのメカニズムから自らの住む世界の先読みをしたり、未来への対策をしたりしながら仕事や身の回りの生活へのヒントを得てもらうことができれば、本書のもう一つの目的も達成されたことになるでしょう。

目次

フローとストック

世界の先が読める「思考」と「知識」の法則

第1章 世界は「フローとストック」からできている

第 2 章

人間の思考に欠かせない「具体と抽象」

第3章 新しいフレームワーク「CAFSマトリックス」

第4章 「CAFSマトリックス」を回して未来を読む

終章 「CAFSマトリックス」のリアルな使い方

第1章

世界は「フローとストック」からできている

世の中の大半は「フローとストック」に大別できる

「はじめに」でも述べたように、本書の主題であり目的は「世の中の具体的な個別の事象を抽象度を上げて連続的に捉えることで、その変化のメカニズムからさまざまな事象を説明し、次に起きる出来事の予想を可能にする」ということです。

じつは、これは私たちの知能がやっていることの縮図でもあります。抽象化によって世の中の事象を単純化・一般化することで、「一を聞いて十を知る」ということが、その到達点です。

そのために第1章では、本書のいう「フローとストック」とは何かを定義するとともに、その具体例を確認していくことで、世の中の変化を伴う事象は、基本的にはすべて「フローとストック」に落とし込むことができる、というイメージを共有してみたいと思います。

普段はあまり使わない言葉かもしれませんが、私たちの身の回りのもの、とくに何らかの変化を伴うもののほとんどは「フローとストック」に大別できます。

まずは、「フロー」と「ストック」の文字どおりの意味の説明から始めましょう。

「フロー」とは、日本語で表現すれば「流れ」を意味します。この流れには、水や空気の流れ、人の流れといった「目に見える」流れに加え、お金の流れ、情報の流れ、時間の流れといった「目に見えない」流れもあります。

これらの流れに共通する特徴を取り上げてみると、

- 動きや変化を表している
- したがって、前後関係を示す「AからB」というかたちで「from」と「to」がある
- 速さや大きさがある

というようなことがいえるかと思います。

それに対して「ストック」とは、日本語で表現すれば「蓄積」「積み上げ」といった言葉になります。

こちらについても、米や石油のストックなど「目に見える」ものの備蓄や在庫一般、さらには、お金や情報のストックなど「目に見えない」ものの両者に、ストックという言葉は当てはまります。

「フローとストック」から見た「水」「お金」「人間」

身の回りで観察できる「フローとストック」の例をいくつか挙げておきましょう。たとえば、浴槽に水（お湯）を貯める、あるいは排水するという状況をイメージしてみてください。ここでは、入ったり出たりという「流れる水」がフローで、貯まっていく「水」がストックという関係です。

当たり前ですが、フローがなければ浴槽のなかの水は存在せず、そのフローの加減である蛇口からの水の流量によってストックの変化が起こる、つまり浴槽の水位が変わっていきます。さらには、フローの時間的な継続性や変化によって、ストックの蓄積のスピードや程度も変化します。

ここで「水」を「お金」に置き換えれば、同じようにお金の「フローとストック」が存在することがわかるでしょう。預金通帳に記すような現金の出入りがフローで、その結果としての持ち金の残高がストック、という具合です。あるいは現金がすべてというひと昔前の時代であれば、貯金箱から出し入れするお金がフローで、その出納《すいとう》の結果としての貯金箱のなかの残高がストック、となるでしょう。

さらに「お金」を「人間」に置き換えれば、一定の場所（あるイベント会場でも、会社でも、あるいは国家でも）への個別の出入りをフローとすれば、結果としてその場所にいる人間の数がストック、という関係になります。会社（人数だけに対象を絞った場合）であれば、入社する人間と退社する人間がフローで、その結果としての従業員数がストックになる、というかたちです。

「目に見えない」ストックは定量的把握が困難

「水」「お金」「人間」のいずれもが基本的には「フローとストック」の関係で把握できるということこれらの例をもう少し敷衍《ふえん》すれば、こうしたモノやカネやヒトの動きによって社会そのものが成り立っているために、社会の事象の大半をこの「フローとストック」という関係で示すことができる、というイメージが伝わるのではないでしょうか。

念のために申し添えれば、先に述べたように、この「フローやストック」は「目に見える」ものばかりではありません。たとえば「目に見えない」ものの代表として、何らかの情報や信号（道路の交通信号ではなくて、何かしらの合図という意味での信号です）を想起すれば、世の中の変化は基本的には何らかの入力（インプット）と出力（アウトプット）があって、その結果がどこかに履歴として蓄積されていく、というかたちで一般化できるように思います。

ただし、そのような情報や信号などの「目に見えない」ものの場合、物理的な「目に見える」ものに比べて定量的把握が難しくなります。その際の「フローとストック」とは、それまでに蓄積された行為や情報などによって生じている対象物の定性的な状態を意味します。

たとえば、それは蓄積されたユーザーの経験や広告（フロー）への反応の結果である企業ブランド（ストック）であったり、当該政党や政治家の振る舞い（フロー）の蓄積によって生み出される特定政党や政治家への支持（ストック）であったりするわけです。

世の中の変化を「入力」と「出力」から読み解く

世の中の変化は基本的には何らかの入力と出力があって、その結果がどこかに履歴として蓄積されていくというかたちで一般化できる、と述べました。

このことについてもう少し深掘りし、世界のどのような事象においても基本的にはこの考え方が当てはまる理由について考えていきましょう。

図1-1 世の中の変化のモデル化

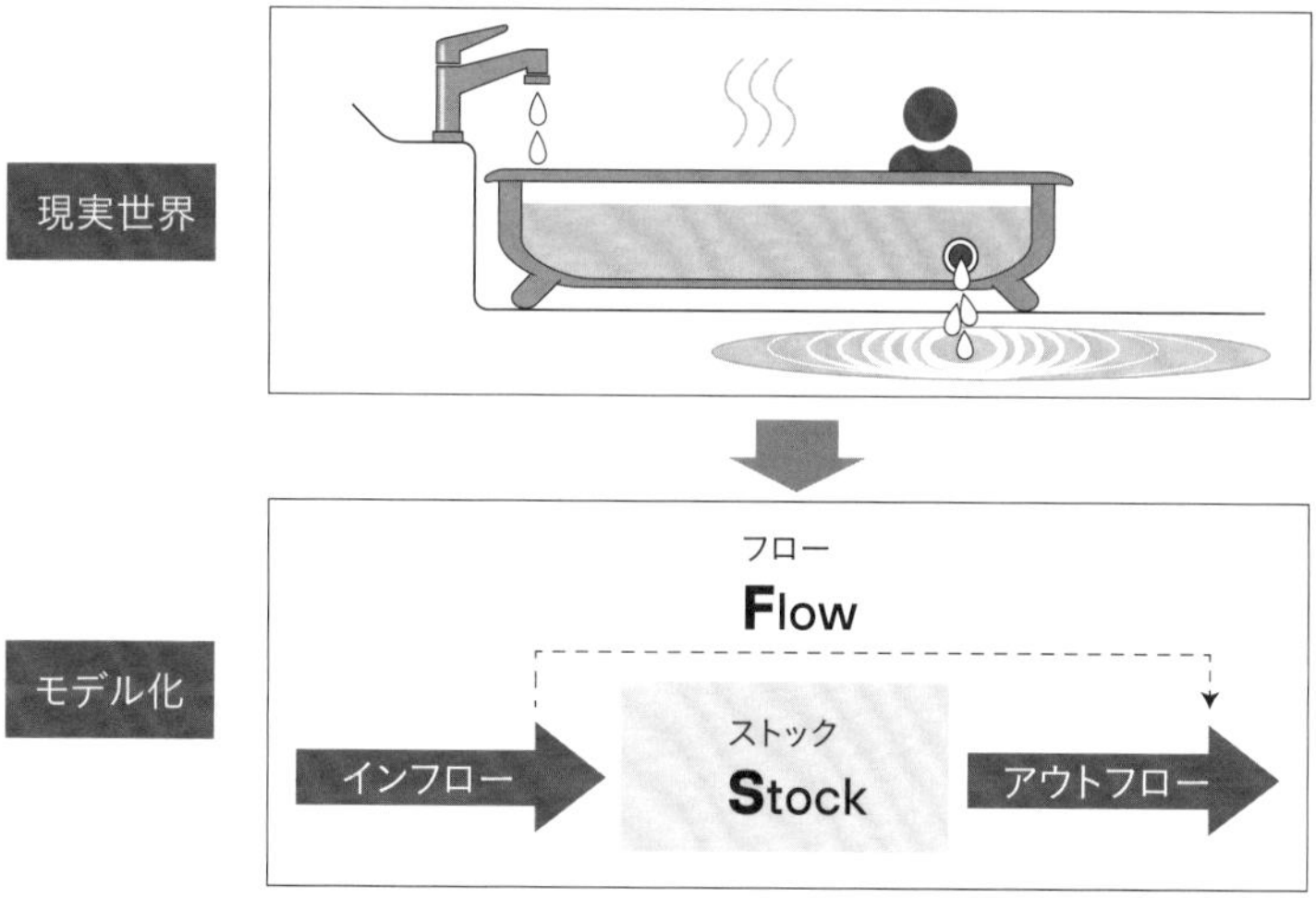

わかりやすいように、この考え方をより単純化・モデル化してみます。先に挙げた「浴槽に水を貯める」という例を思い出しながら図１－１を見てください。

ここでは、蛇口からの水の流入が入力（インプット）側のフロー（インフロー）、浴槽の水量がその結果によるストックで、排水が出力（アウトプット）側のフロー（アウトフロー）という関係になっていることが、おわかりいただけるかと思います。

そしてもちろん、この真ん中の四角形で表現された実体の状態の変化は「浴槽に水を貯める」ときだけではなく、先に挙げたお金や人間、あるいは動物や植物、機械などにも当てはまります。

動物であれば、食物を摂取（インフロー）して何らかの運動を行ない、排泄《はいせつ》をする（アウトフロー）といったかたちです。機械であれば、電気などのエネルギーや人間からの命令などが入力に、発熱や排水などが出力に該当するでしょう。

また、人間の場合は先の会社と従業員数のような例に加え、知的活動という動物とは比べものにならない別の膨大な要素があります。この場合における入力は経験や情報、出力は何らかの成果を世の中に発表すること、などになります。

フローは「行為」（動詞）、ストックは「状態」（名詞）

ここで明確にしておきたいのは、「フローとストック」はそれぞれが独立して存在するものではなく、「お互いの関係性によって成り立ち」「フローがストックを生み出してそれが蓄積されることで世の中が回っていく」という関係になっていることです。

つまり、フローがあるところにはそこから生まれたストックがあり、ストックがあるときにはそのストックの変化をもたらすフローが存在するのです。単純に表現すれば、単位時間当たりのストックの変化（率）がフローという関係です。

人間の経済活動を例にとれば、個々の売買活動というフローが、売上や利益というかたちでのストックとなって会社の業績や個人の給料に反映されていく、あるいは預金の預け入れや引き出しなどATMやインターネット上で行なう「お金の出し入れ」というフローが、預金残高というストックに反映されていく、というかたちです。

その際、フローとは個々の「行為」（動詞）であることがほとんどで、ストックとはその結果として出力される「状態」（名詞）に変換されます。

このようにして、私たちの生活や身の回りの事象は「フローとストック」に分解できます。たとえば、「転んで怪我した」という出来事について考えてみると、ここでは「転ぶ」という「行為」（動詞）がフローで、その結果として生じる「怪我」という「状態」（名詞）がストックという関係です。

まったく同じ出来事でも「転倒して怪我した」と表現すれば、「転倒」は名詞で「怪我する」は動詞ですから、フローは名詞、ストックは動詞となります。しかし、「転倒」は行為の名詞化であり「怪我する」は名詞を動詞化したものですから、やはり基本的にはフローが「行為」（動詞）で、ストックが「状態」（名詞）であるというイメージを摑んでもらえるかと思います。

フローは変化させる側、ストックは変化させられる側

あるいは、「フローとストック」は「変化」に対するものの見方ともいえます。何らかの変化そのもののプロセスがフローであるとすれば、その変化がもたらされた結果の状態がストックである、という関係です。「変化させる側」がフローで、「変化させられる側」がストック、とも表現できるでしょう。

- 毎回の食事でのカロリー摂取や運動でのカロリー消費（フロー）が、体重（ストック）に反映される
- 毎日の行動（フロー）が、経験（ストック）として蓄積される
- 日々の勉強（フロー）の成果が、知識（ストック）として蓄積される
- 日々の他人とのやり取り（フロー）の積み重ねが、その人の信用（ストック）となる
- 個々の投票（フロー）の結果が、総得票数（ストック）になる

このように世の中の事象は、何らかの個別の変化によるプロセスが、ある結果につなが

るかたちになっています。繰り返しますが、純粋に定量的に数字で表現できる事象はもちろん、人間のすべての活動について何らかの行為の結果として他の何かの状態に変化が生じる事象は、基本的にはこの関係で説明できるといってよいでしょう。

この考え方が、のちに見ていく「フローとストック」を人間の思考回路に置き換えるという議論の際に重要となります。フローの側が自ら積極的に変化を仕掛けていくのに対して、その変化を受動的に受け入れるのがストックの側ということを、ここでは覚えておいてください。

なぜ基本給はある程度、年功序列になっているのか

本書の読者はビジネスパーソンの方も多いことでしょうから、人間のすべての活動のうち、まず企業活動に焦点を当ててみます。企業活動はミクロで見れば個々の従業員の活動の集大成ということになります。

ここで各従業員の活動内容に目を転じてみると、日々の業務の蓄積や研修などによって、各個人のスキルや能力が向上していきます。これも「フローとストック」の関係になって

います。

ここで、その企業の評価システムをフローに基づいて行なうのか、それともストックに基づいて行なうのかということは、どのような従業員を重用していかなる会社にするのか、という経営者の意思の表明となります。

営業社員を例にとればわかりやすいでしょう。そこでのフローは各期における売上金額などです。インセンティブに紐《ひも》づくようなわかりやすい指標なので、他部署に比べると評価はフロー色が強くなるはずです。営業の数字は比較的〝水物〟であり、期によるばらつきが大きくなったり、一回の大型商談で瞬間風速が跳ね上がったりすることもあります。

対してそこでのストックは、長年の積み重ねによって得られる営業スキルや人的なネットワーク、あるいは顧客からの信用そのものになります。これらは基本的には時間とともに増加するもので、一般にはベテラン社員のほうが蓄積が大きくなります。

したがって一般論としては、それらの評価システムや報酬への反映方法として、フローの評価はボーナス、ストックの評価は基本給の昇給、というかたちが多くなります（繰り返しますが、営業などの部署はフロー色が強め、逆に管理系の部署はストック色が強め、などの傾向があります）。

そうした意味では、基本給がある程度、年功序列になるのは理に適《かな》っているともいえるのです。

損益計算書と貸借対照表に現れる企業活動

こうした企業における日々の取引とその結果としての財務状況を示すものが、企業活動の報告書としての損益計算書（P／L）と貸借対照表（B／S）です。

企業活動は日々の売買取引が基本となって成り立っていますが、これをある期間、たとえば年度単位で表現したものが損益計算書になります。損益計算書に記載されるのは売上や原価、あるいは販売費及び一般管理費のような費用です。これらが「動詞」としての活動（売る、買う、投資するなど）を表現しているのに対し、その積み重ねが財務の状態、つまり「名詞」としての資産や負債というストックになります。

こうして毎年の投資活動の結果が資産として、あるいは借金の積み重ねが負債として蓄積され、それが貸借対照表となって記述されます。したがって、ここでも基本的に〝数値化できる〟すべての企業活動の結果は、損益計算書と貸借対照表で表現できるのです。

念のために補足すると、これは企業活動を年単位で捉えた場合の見方であり、さらに細かく月単位、週単位、日単位にすれば、損益計算書そのものも日々の取引について「フローとストック」というかたちで見ることもできます。時間軸を変えることで、「フローとストック」の相対的な位置づけが変わってくるのです。

もちろん、ここで〝数値化できる〟という条件をつけたように、これらの財務諸表で表現できるのは企業活動の「ほんの一部」であるという捉え方もできますが、先にも述べたように、本書が主張したいのは、〝数値化できない〟ものでさえ基本的には「フローとストック」での表現が可能である、ということです。

たとえば研究開発の活動がフローとすれば、その成果の（ほんの）一部は特許などの知的財産として可視化されますが、それらの大部分はいわゆる暗黙知としての企業ノウハウという見えないかたちで蓄積されていくからです。

ほかにも数値に現れない企業の資産として、先に挙げたブランドや信用があります。これらは長年の積み重ねによって培われるものであるという点でストックになりますが、これとて日々の従業員と顧客やその他取引先とのやり取りというフローの積み重ねの結果ですから、ここでも目に見えないフローが、これも比較的、数値化しにくいブランドや信用というかたちでのストックを形成しているわけです。

「フロービジネス」と「ストックビジネス」の違い

ちなみに、ビジネスの世界で「フローとストック」という言葉は、会社のビジネスモデル、あるいは収益の構造を語る際によく用いられます。「ストックビジネス」というようなかたちで使われることが多いのですが、要は、一つひとつの個別取引によって収益を得るのではなく、それまでに蓄積された顧客ベースや機器のインストールベース（納入された機器の蓄積）を基にしたビジネスのことを指しています。

製品を例にとるなら、一度売ってしまえば基本的にはそれきりの「売り切りの製品」（食器や衣服など）をその場限りの「フロービジネス」とすると、大型で複雑な機械などは一度売ったあとにスペアパーツの供給や定期メンテナンスなどによって主な収益を稼ぐ「ストックビジネス」ということになります。

このストックビジネスでは、文字どおりそれまでに蓄積してきたストックがものをいうので、ストックが貯まれば貯まるほど、〝黙っていても〟収益が上がるようになります。

さらに、ストックビジネスは顧客とサプライヤーの長期的な関係性（これもストックです）に基づいていているため、一度そのような関係ができあがるとお互いに他者（社）に変更するの

図1-2「フロービジネス」と「ストックビジネス」の違い

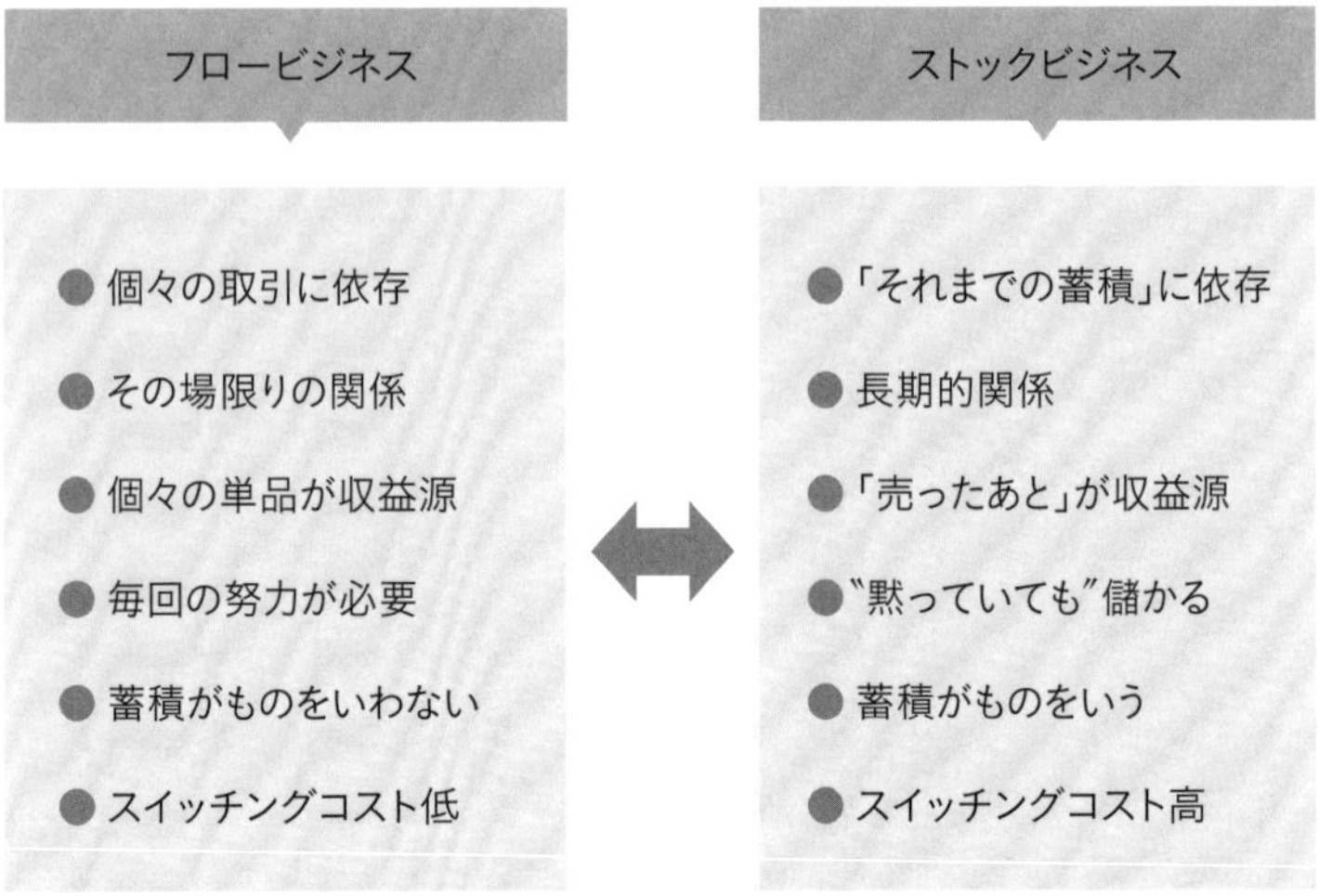

フロービジネス	ストックビジネス
● 個々の取引に依存	● 「それまでの蓄積」に依存
● その場限りの関係	● 長期的関係
● 個々の単品が収益源	● 「売ったあと」が収益源
● 毎回の努力が必要	● 〝黙っていても〟儲かる
● 蓄積がものをいわない	● 蓄積がものをいう
● スイッチングコスト低	● スイッチングコスト高

が難しいという、いわば「スイッチングコストが高い」ビジネスモデルであるともいえます。

また、今般のようなビッグデータの時代には、さまざまな取引データの蓄積という「情報のストック」が、ＡＩ（人工知能）の活用やＤＸ（デジタルトランスフォーメーション）においても、ものをいうようになってきています。

近年、急速に拡大してきた「サブスクリプションモデル」（サブスク）も、その一つの側面として、ビジネスを「フロー型」から「ストック型」に変えることで顧客との長期的な関係性を築いたり、情報を蓄積しながらビッグデータを活用してスイッチングコストを上げるというかたちの循環に持ち込んでいる点を見逃してはなりません。

「企業」の議論を「国家」に置き換えてみれば

人間のすべての活動のうち、企業活動に焦点を当ててきましたが、もう少し視野を広げて、社会という側面にも目を向けてみましょう。まず、先に述べたような「企業」の議論を「国家」に置き換えてみれば、国家にも「フローとストック」が存在することがわかります。国家の経済活動という点では、企業の損益計算書という「年次のフロー」に相当する指標はＧＤＰ（国内総生産）になるでしょう。一方で貸借対照表というストックに相当するものは、いわば「国富」になるかと思いますが（企業の貸借対照表やフローのＧＤＰほど一般的に用いられる定量的指標は存在しません）、つまり、それはさまざまな金融資産や非金融資産の国としての蓄積になります。

ちなみに、これはのちの議論にも深く関係しますが、一般的には会社でも国家でも、成長局面においてはストックよりもフローに重きが置かれ、その結果としてストックが蓄積されていくに従い、結果的にストックに重きが置かれるようになっていく、という傾向があります。

　こうした国家の経済活動はもちろん、私たちの社会にはさまざまなルールや規則があります。このようなルールや規則もそれまでの個々の活動の結果として生まれているという点で、ストックの要素があります。何らかの問題が起こり、その結果としてルールが制定されるというのが典型的なプロセスですが、そこで制定されたルールや規則は基本的には時間とともに増える一方で、〝自然〟に減っていくことはありません。

　ここには、いわゆる不可逆性があります。つまり、「何か問題が起きるとルールや規則が増えるものの、時代が変化してそれらが不要になっても自動的になくなることはない」ために、時間とともに非対称なかたちで蓄積されて数が増えていくのです。

　ところがルールや規則は、基本的には人間の自由な活動にブレーキをかける存在ですから、時代にそぐわないものが蓄積されていくと、社会の活力を必要以上に削《そ》いでしまうことになります。その際にはあるタイミングでそれらを一気に見直して、外部環境に合わせるかたちで不要なものが撤廃されます。

　このプロセスは、後述する「のこぎり形」の増減の経緯をたどり、人間社会におけるストックを語るうえで重要な要因となります。

狩猟採集社会から農耕社会への移行の本質

社会という面をもう少しミクロに見ていくと、そもそも私たちの生活にも多くの「フローとストック」があります。そこにおける「フロー型」とは、いわば「その日暮らし」「宵越しの金はもたない」という江戸っ子のような生活です。対して「ストック型」とは、長期的にものを考えて貯蓄を旨とするような生活です。

イソップ童話の『アリとキリギリス』では、キリギリスが「フロー型」、アリが「ストック型」といえば、そのイメージを摑んでもらえるように思います。

人類の歴史を超長期の視点で捉えれば、狩猟採集社会から農耕社会へという移行は、日々の生活で何を糧として生活するかという対象が、鳥や獣や木の実などから麦や米に変わっただけにとどまりません。それは、私たちの基本的な生活スタイルを「フロー型」から「ストック型」へと抜本的に変化させるきっかけでもありました。

もちろんそれは単線的に記述できるものではなく、「鶏と卵」のようにすべてが複雑に入り組んだ因果関係になって同時進行していったものと考えられます。

さらにいえば、いまでも狩猟採集社会が完全になくなったわけではなく、「フロー型」の世界も存在しているわけですから、より正確にいえば、時代の変化とともに「ストック型」の社会の割合が飛躍的に大きくなってきた、ということです。

- 放牧移住生活から定住生活へ
- 「その場の消費」から「長期の備蓄」へ
- 短期的視点から長期的視点へ
- 非所有から所有へ……

こうした変化も念頭に置きながら、いま述べた「鶏と卵」の因果関係がいかなるものか、という点をもう少し概観してみましょう。

「狩猟採集＝もたない」から「農耕＝もつ」へ

「ストック型」の農耕社会は、「採って食べたら終わりで次へ行く」という「フロー型」の狩猟採集社会と異なり、時間的概念が変わります。もともとあった植物などを採取するだけではなく、自らが耕してつくる農作物は土地の開墾から始まって、種まきから育成、刈り取りに至るまで、圧倒的に多くの時間が必要とされることに加え、それらを貯蔵して収穫期以降に食べる食物を確保しようという発想も生まれてきます。

貯蔵することが可能になると、そもそもの生活を年単位の長いスパンで考えることが自然になり、「その日暮らし」の狩猟採集生活よりも安定した食料供給が可能となります。これが長期にわたる蓄積という「ストック型」の考え方のなせる業《わざ》です。

さらには、それまであまり重要ではなかった「共同のインフラ」という概念も発展します。狩猟の道具は基本的には個人が所有する小規模なものでしたが、農耕生活を営むためには、土地というベースのインフラや、その土地を豊かにし、長期にわたって有効に活用するための治水や灌漑《かんがい》といった大規模な人手、さらには予算を伴うプロジェクトも必要とされます。そこでは多人数からなる組織を管理する必要も生まれてくるでしょう。

つまり狩猟採集から農耕へという変化は、さまざまなものを「もたない」から「もつ」形態へと変えていったわけですが、この変化は「フロー型」社会から「ストック型」社会への変遷と、ほぼ合致します。このような社会生活の変化が、人間社会に「所有」という概念を生み出し、社会を発展させていったのです。

「所有」という抽象概念が、経済活動におけるストックを生み出し、これが現在の資本主義社会の基本的かつ不可欠な考え方の一つになっていることは疑いがありません。経済活動においても「フローとストック」は極めて重要な基本概念であり、政治の世界でも個人や企業の財産の所有をどのような形態（共有か私的所有かの違いなど）にするかということが、国家や共同体のあり方そのものを規定する前提条件になります。

「所有」という概念が人類に与えたインパクト

あらためて、図1－3のように狩猟採集社会と農耕社会の差をまとめたとき、そこにおける「所有」という概念の影響の大きさに驚かされます。この概念があるかないかによって、我々人間の生活はそれ以前とそれ以降とで、別物といってよいほどに変化しました。所有という概念がなければ、盗む、盗まれるなどの犯罪はありませんでしたし、それに基づく争いもありえませんから、人間同士の諍《いさか》いや、その極限としての戦争も極論すれば、なかったものであるといえるでしょう。

あるいは昨今、「格差社会」が問題視されていますが、貧富の差というのも「もっている

図1-3「狩猟採集社会」と「農耕社会」の特徴

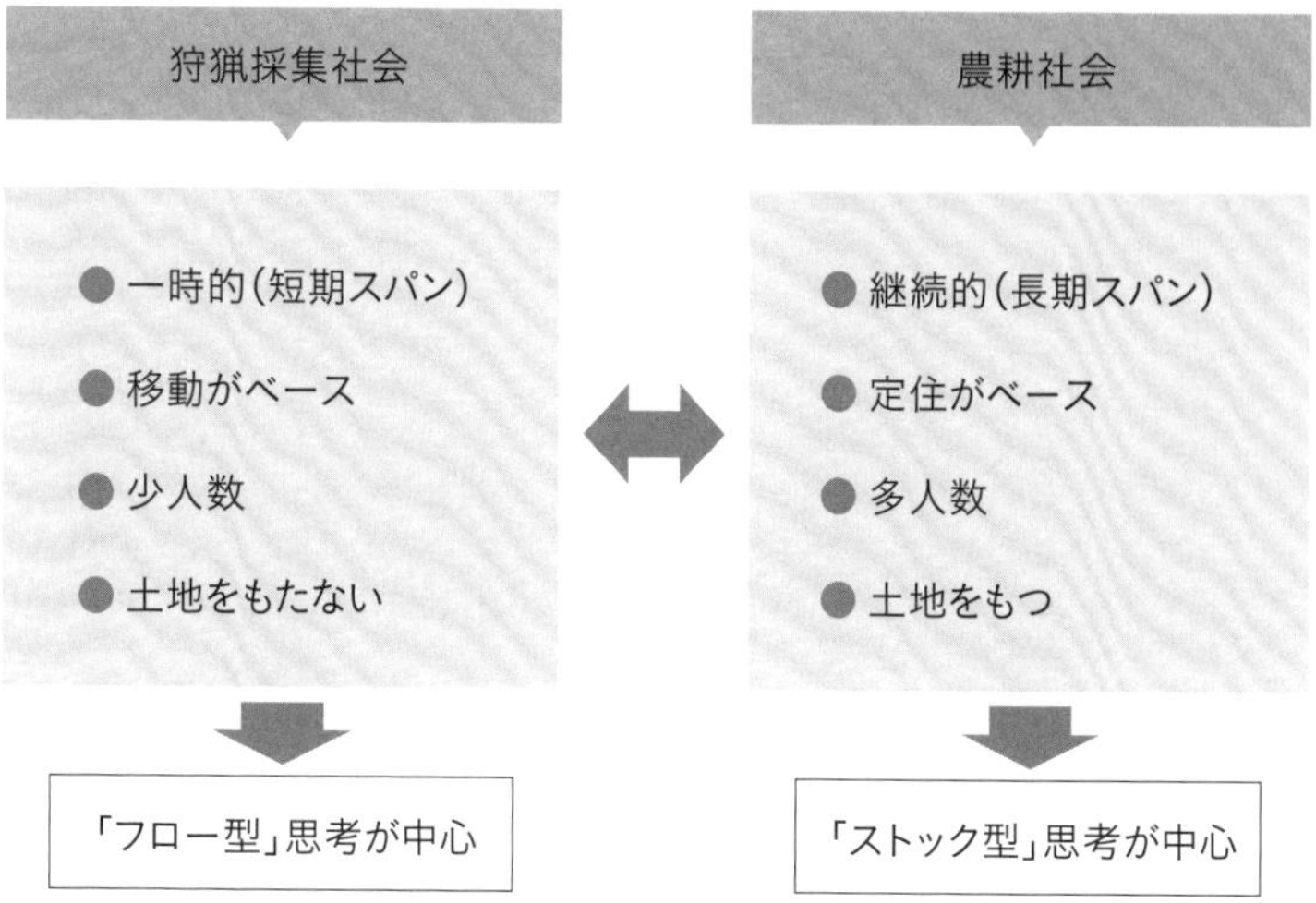

か、いないか」の差ですから、これもまた所有という概念がもたらしたものです。この格差で最大のものは金融資産という見えないものの所有の格差で、それが知的資産の格差というかたちで、知識社会へのありようにもつながっていきます。

この知的資産というストックの影響が、生成ＡＩの飛躍的発展によって別の影響を人類に及ぼしはじめるかもしれないということが、のちに述べる本書の仮説でもあるのですが、ここでいいたいのは、所有という概念が格差を生み出したきっかけであると同時に、それが蓄積可能なストックであるがゆえに、生じた格差は蓄積されて拡大していく一方である、ということです。

精神的な世界も「フローとストック」で説明可能

このような議論を踏まえるにつけ、私たちが人間として活動するフィールドとしての社会には、数式で記述できるような「物理的な世界」と、数式だけでは表現できない「精神的（≒非物理的）な世界」が存在することが、あらためておわかりいただけるのではないでしょうか。

ここでいう「物理的な世界」では、さまざまな現象が事象の変化とそれによって起きる結果というかたちで記述され、それが数理的に解かれることで次に起きることの予測がされています。本章の冒頭に述べた「浴槽に水を貯める」という譬《たと》えはまさにその例で、この領域ではすでに多くの専門家によって、さまざまな研究が日々行なわれています。

そのうえで重ねて強調しますが、本書で主に論じていきたいのは、「フローとストック」という極めて単純化された視点で語られることが少なかった「精神的（≒非物理的）な世界」ですら、そうした視点をもつことでほとんどの事象が起きるメカニズムが説明可能である、ということです。もちろん、それが乱暴な試みであることは承知のうえですが、具体的にどう説明ができるのかということについては、のちの第3章、第4章で実例を挙げながら示していきましょう。

図1-4「連続的変化」としての「フローとストック」

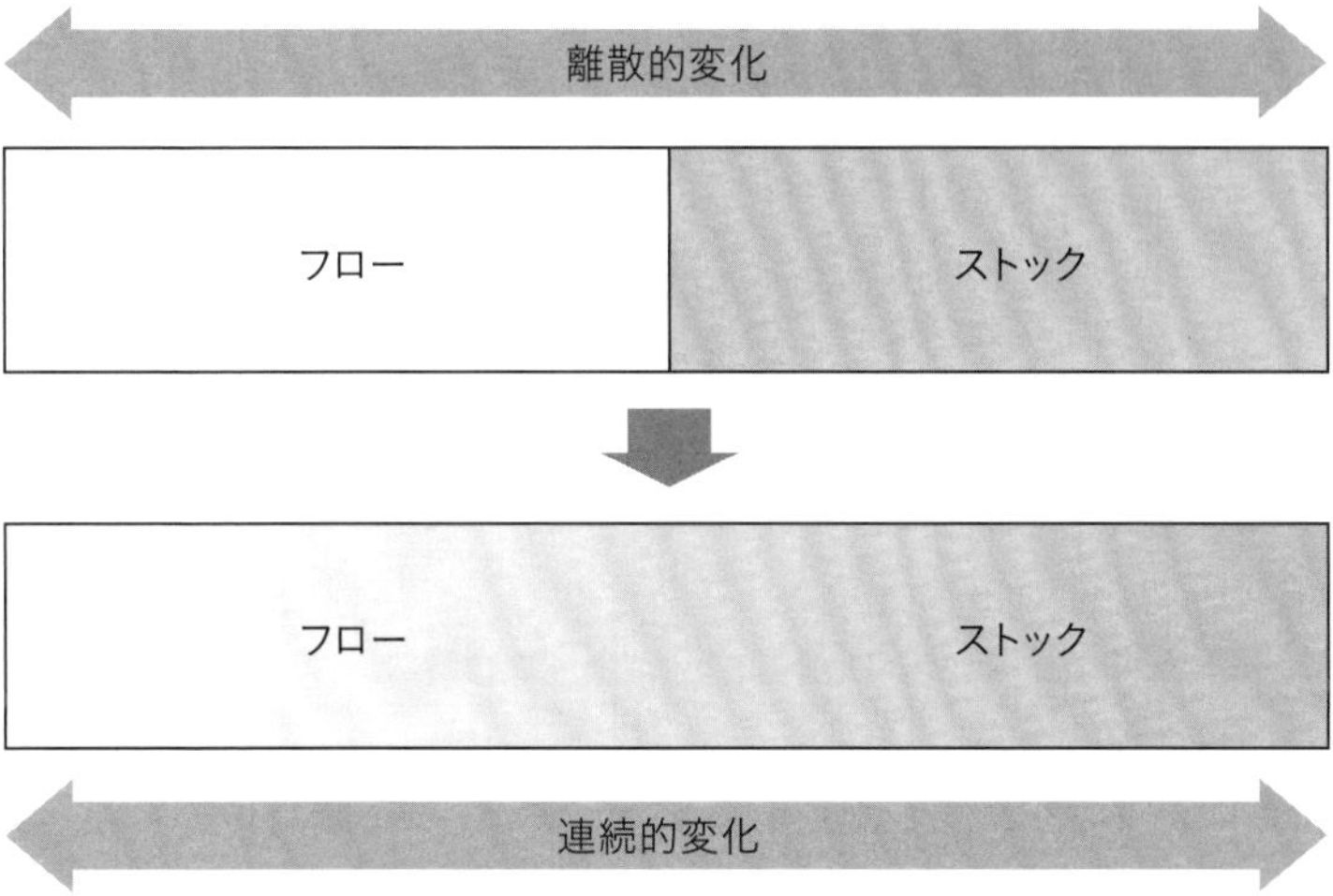

念のため、この先へ議論を進めていく前に一つ補足しておくと、この人間の「精神的（≒非物理的）な世界」を扱うため、本書ではフローとストックという言葉をその定義から少し拡大して用いています。

そこではまず、フローとストックを「白か、黒か」という完全に分離された二択ではなく、図1－4のように連続的変化として捉えます。先の「浴槽に水を貯める」という例でいえば、それを水道の蛇口と浴槽の水という関係で考えればフローとストックは明確に分かれていますが、仮に蛇口と浴槽が離れているとして、このあいだをコップと洗面器で「蛇口→コップ→洗面器→浴槽」と一回当たりの量を増やしながら回数を減らしていくかたちで（蛇口は一回当たりの量が限りなく少ない代わりにほぼ連続しているという位置づけで）リレーしながら水を貯めていくと、

- 蛇口とコップはフローとストックの関係
- コップと洗面器はフローとストックの関係
- 洗面器と浴槽はフローとストックの関係

となり、コップと洗面器はフローにもストックにもなりえることがわかるでしょう。

さらに、この「連続的変化として捉える」という点に加え、本書では「フローを中心としたものの考え方＝フロー型」「ストックを中心としたものの考え方＝ストック型」ということについても、「フローとストック」の関係として少し広めに位置づけていきたいと思います。

動きを表すフロー、状態を静的に捉えるストック

ここからは「フローとストック」の議論を右記で述べた「フロー型」「ストック型」という

図1-5「フローとストック」の特徴の対比

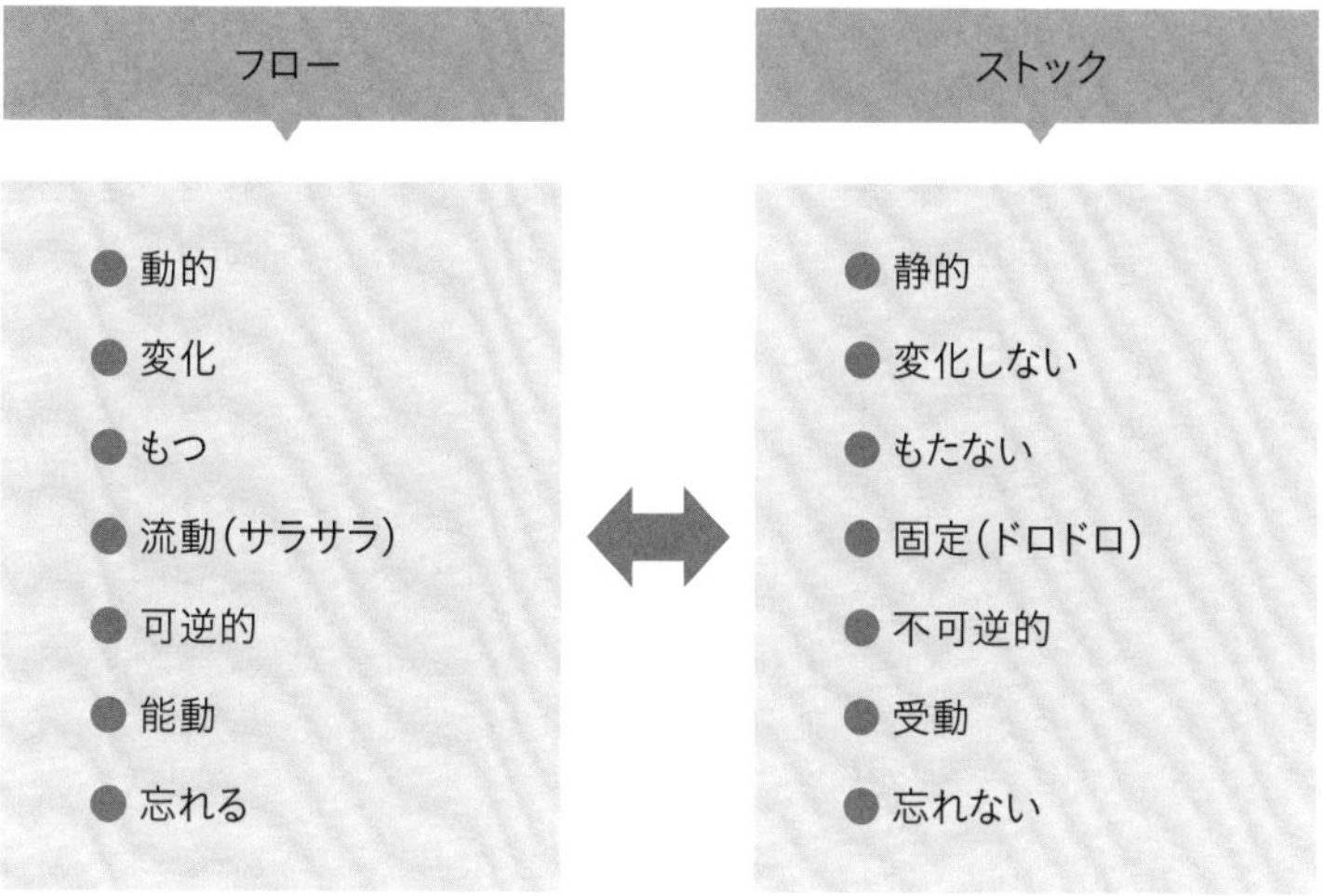

フロー	ストック
● 動的	● 静的
● 変化	● 変化しない
● もつ	● もたない
● 流動(サラサラ)	● 固定(ドロドロ)
● 可逆的	● 不可逆的
● 能動	● 受動
● 忘れる	● 忘れない

言葉を用いながら、本書の特徴である「思考と知識」の関係にも対応させて論じていきます。

一足飛びにそこに向かう前に、その前提にもなる議論として、一般論としての「フローとストック」について、これまでよりも両者の「対比」という観点を意識しながら説明を行ないます。少し正確性には欠けるかもしれませんが、感覚的なアナロジーでその「対比」を示した図1－5の項目を踏まえて順に解説していきたいと思います。

フローとは、「流れ」を代表とするような「動き」や「変化」の程度を表します。対するストックとは、スナップショットのように、そのような動きの結果としての状態を静的に捉えたものです。

そこでは、さまざまな動きの連続がストックを変化させていきます。ある人が住んでいる部屋の「動き」を考えたとき、その部屋の住人が食事をすればゴミが増えたり、その人の体重が（わずかながら）増えたりなどの変化が起こります。あるいは呼吸をするだけでも酸素量や二酸化炭素量などが変わります。

このときのゴミ、体重、酸素量や二酸化炭素量などが、より正確を期していえば、ある特定の時刻において〝時間を止めて〟観察したときのストックである、ということになります。

「もつか、もたないか」から見た「フローとストック」

先の狩猟採集社会と農耕社会の違いのなかで、「所有」という概念の重要性について議論しました。そこから生まれる「もつ」「もたない」という差は資本主義などの大上段から語らずとも、私たちの現在のライフスタイルから思考回路までを大きく規定している、ということを確認しておきましょう。

- 賃貸にするか、持ち家にするか
- 自動車などの乗り物をシェアやレンタルにするか、所有するか
- 婚姻関係を結ぶか、結ばないか
- 雇用関係を結ぶか、結ばないか（正規・非正規従業員の違いなど）
- アライアンス（提携）を組むか、自社ですべて行なうか

こうした対比はすべて「もつか、もたないか」の関係といってよく、もちろんこれらはすべてが直接フローとストックの関係になっているわけではありませんが、先に挙げた「フローとストック」の特徴をお互いに有する関係になっている、といえるでしょう。

「サラサラ」のフローと「ドロドロ」のストック

図1－5の「流動（サラサラ）」と「固定（ドロドロ）」とは何でしょうか。これは、短時間で変幻自在に変化するフローと、長時間どっしりと構えて安定しているストックの関係をも

のの性質に譬えて表現したものです。

物質の性質を定量的に示す物理定数として、「粘性（係数）」というものがあります。正確な定義としては「単位速度勾配当たりに生じる剪断応力《せんだんおうりょく》（摩擦応力）の大きさ」となりますが、つまり、これは流れの伝わりやすさを表現したもので、文字どおり物質の「粘り」を示すものです。

先に、本書では「フローとストック」を「白か、黒か」ではなく連続的変化として捉える、と述べました。この「ストック度」を直感的に表現するために、当たらずとも遠からずの指数として比喩的に「粘性」を取り上げている、と理解してください。

そこで「粘性が低い」とはサラサラしている状態で、「粘性が高い」とはドロドロしている状態になります。主な流体の粘性については、水とエタノールはほとんど同じで、やや（一・二倍程度）エタノールのほうが粘性が高く、油はその約五〇倍であるという数値から、なんとなく体感的な「ネバネバ度」や「ドロドロ度」が理解してもらえるかと思います（ちなみに空気は水の五〇分の一程度になります）。

一般的にいえば、粘性は気体＜液体＜固体という関係になりますが、とくに液体は同じ液体といっても、水と油の例からわかるように、その種類によってかなりの差が存在します。

この粘性を「フローとストック」の関係に紐づけてみましょう。フローはそもそもが「流れ」ですから、スムーズに流れなければいけないという性質から、基本的には「サラサラ」した状態です。対してストックは流れる必要がなく、いわば「滞留」している状態ですから、概《おおむ》ね「粘性」が高くなります。

より正確にいえば、ストックはスナップショットを撮って〝時間が止まった〟状態ですから粘度も無限大になりますが、ここではストックを「状況によって変化する特性」というような意味合いで、もう少し広義に捉えます。

そう見たとき（液体においても水と油で粘性の差があるように）同じストックでもそのなかに「サラサラ」と「ドロドロ」など程度の違うものがある、つまりグラデーション化している、ということがあらためて確認できるかと思います。

念のため、本章の冒頭で述べた「浴槽に水を貯める」という例も、水という流体についての言及でしたので混乱を避けるために補足すると、先の例ではフローとストックは同じ「水」でしたから物理定数としての「粘性」は同一ですが、本項で述べた「ストック度」としての粘性については、蛇口から流れている水と浴槽に貯まった水はフレキシビリティが違うために異なるものとして扱う、と認識してください。

ストックの単調増加性を示す「のこぎり曲線」

多くのストックがもつ特徴の一つとして、先にも述べた「不可逆性」が挙げられます。この不可逆性とは、時間に伴う変化が一方向で、逆向きにするのが難しい、ということです。言い換えればストックの変化とは、増加と減少という真逆の方向性が「非対称」である、ということです。そこで大抵のものは「増えやすいが減りにくい」という性質を有しています。

もちろんすべてのものが「増えていく一方」であるというわけではありませんが、本書で取り上げる所有物や金融資産、あるいはルールや知識といった「目に見えない」ストックに関しては、その多くが長い目で見れば、ある程度貯まるサイクルに入ると「増えていく一方」であるといえるでしょう。

さらに、金融資産や技術資産などにおいては、「ストックそのものが次のストックを自動的に生み出す」という側面も見逃せません。

さて、この不可逆性には人間心理の根本が影響を及ぼしていると考えられます。たとえばルールについては、何かの事件や事故が起きると「ルールを増やして対応する（対応した気

図1-6 ストックの「不可逆性」

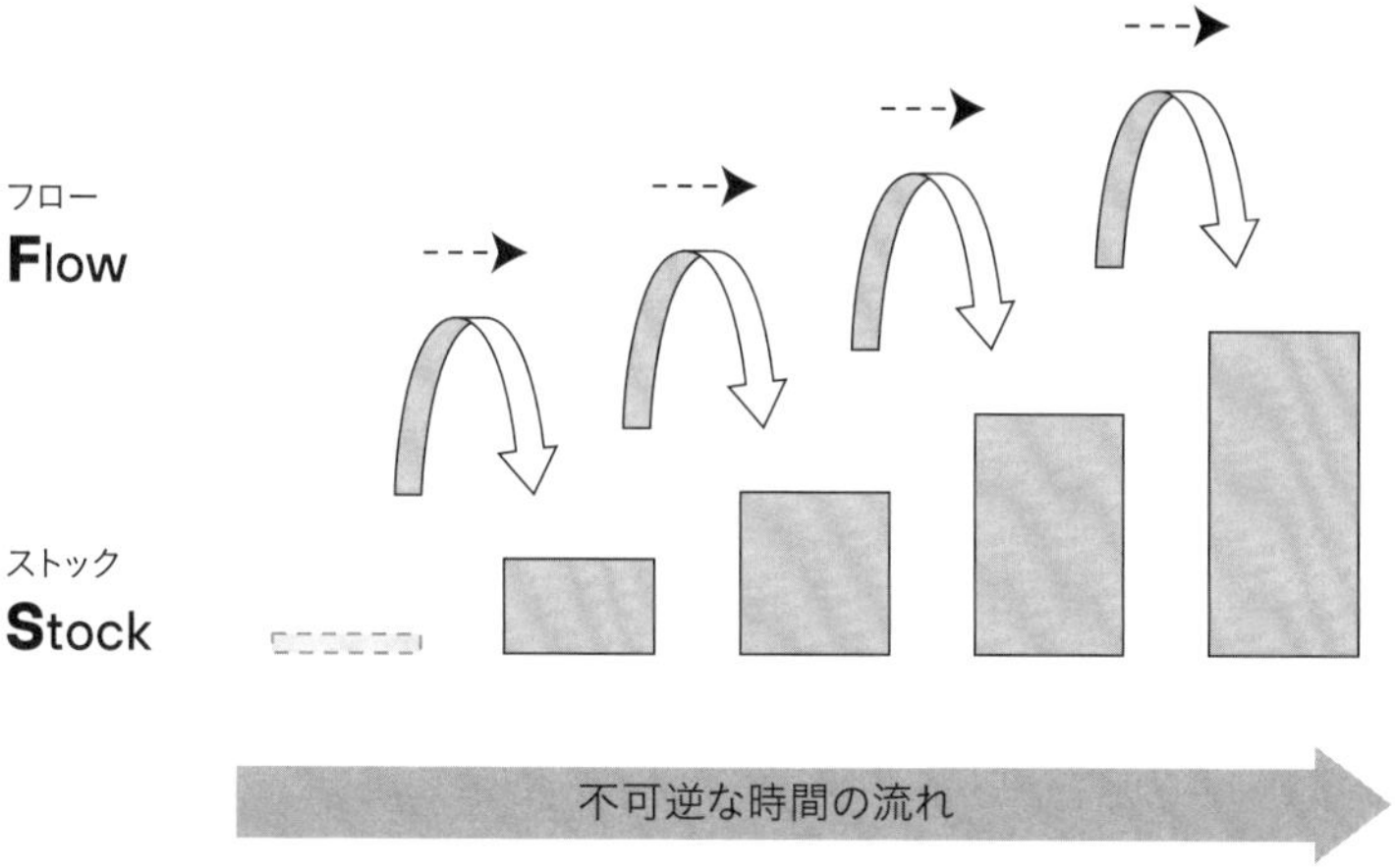

になる)」のに対し、そのルールが時代の変化などで不要になっても、それらを減らすことについては心理的な抵抗がある(「万一、このルールをなくして何かあったら誰が責任をとるのか」という類の発言を想像してみてください)ことが原因です。

これを模式的に示すと、図1－6のようになります。

とはいえ、この「足し算型」のフロー→ストックという変化によって「増えていく一方」であるストックが、絶対に減らないわけでもありません。たとえば時代が大きく変わるときには、ストック→フローという「引き算型」の流れが劇的に発生します。

たとえば、「部屋の散らかり具合」をストックとしたとき、このストックは日々の人間の活動によって自然に増加していきます（部屋は意識せずとも〝自然〟に散らかります）が、時にそれは「掃除」というかたちで一気に整理がなされ、突如としてストックの減少が見られます。

あるいは、多くの人にとってスマートフォンのアプリは「いつの間にか増えていき、どれがどれだかわからなくなる」という類のものではないでしょうか。使われなくなったアプリは「登録すれば割引あり」とか「クーポンプレゼント」などの宣伝文句につられ、「どうせ二度と使わないだろう」と気づきつつ、ダウンロードしてしまったものが少なくないはずです。

そこで「すぐに削除すればよい」とわかってはいても、よほど時間のある人でない限りはいちいち「使わないもの」のために時間を用意してこまめにメンテナンスしないでしょうから、一年ほどもすれば、スマホ画面は使わないアプリで溢《あふ》れてしまうことになります。

そうなると、日常でよく使うアプリを起動する際にいちいち多くのアプリから検索をかけたり、正確なアプリ名を覚えていない場合には目視で探したりなど、非効率なことが増え、利便性が下がっていきます。そうなったとき、私たちはあるタイミングでアプリを見直し、いくつかの使わなくなったアプリを一気に削除するはずです。

ここでアプリをストックに置き換えれば、「部屋の散らかり具合」の例とその本質が同じであることがわかるでしょう。

図1-7 不可逆過程における「のこぎり形」の変化

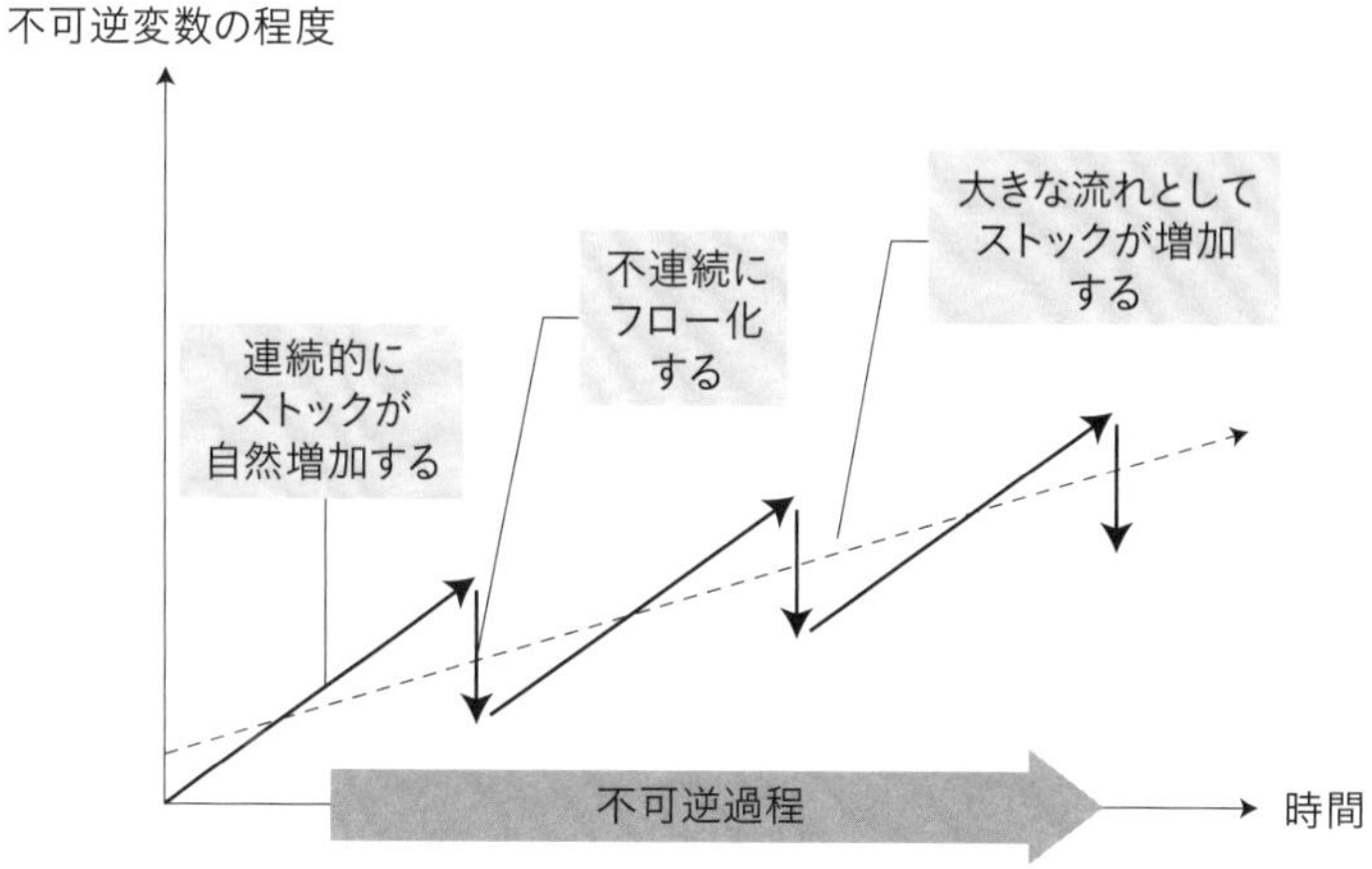

それでは、ルールや規則はどのようなタイミングで一気に削減されるのでしょうか。たとえば、企業内でよくあるのは、何かのタイミングでプロジェクトが発足し（効率化プロジェクト、社内革新プロジェクトなどの名称を思い浮かべてください）、そうしたルールや規則を見直してしまおう、というような動きです。

徐々に自然に増えていくストックに対し、それが減るときには意思をもって一気に減らすという「増やす（増える）」と「減らす（減る）」の非対称性は、図1－7のように表現できます。この図は先にも述べた「のこぎり形」のようなかたちになっていくので、これを「のこぎり曲線」と呼ぶことにします。

この「のこぎり曲線」のもう一つの特徴は、

「自然増」と「意識減」が繰り返されながらも、長期のトレンドで見ると（図1－7中の破線のように）結局のところ、ストックは増加するという、その単調増加性です。

「状態量」と「時間変化」に存在する非対称性

不可逆性のところで「非対称」という言葉を使いましたが、このストックの非対称性についても、もう少し掘り下げておきましょう。

ストックを表現するためには、基本的には二つの変数が必要となります。第一には、ストックそのものの「状態量」を表す変数（貯まった水の量、蓄積されたデータの量、預金の残高など）です。それに加えて第二には、ストックではこの「状態量」の時間の経過による変化を見ることになるので、「時間軸」が必須になります。

図1－8に表したように、ストックの「状態量」を表現するための変数は時間とともに増加するか、減少するかという経過をたどるわけですが、この変数が人間生活にかかわるものである場合、放っておくと片側が自然に増えていく傾向があるのは、すでに述べたとおりです。

図1-8 ストックの程度の大小化

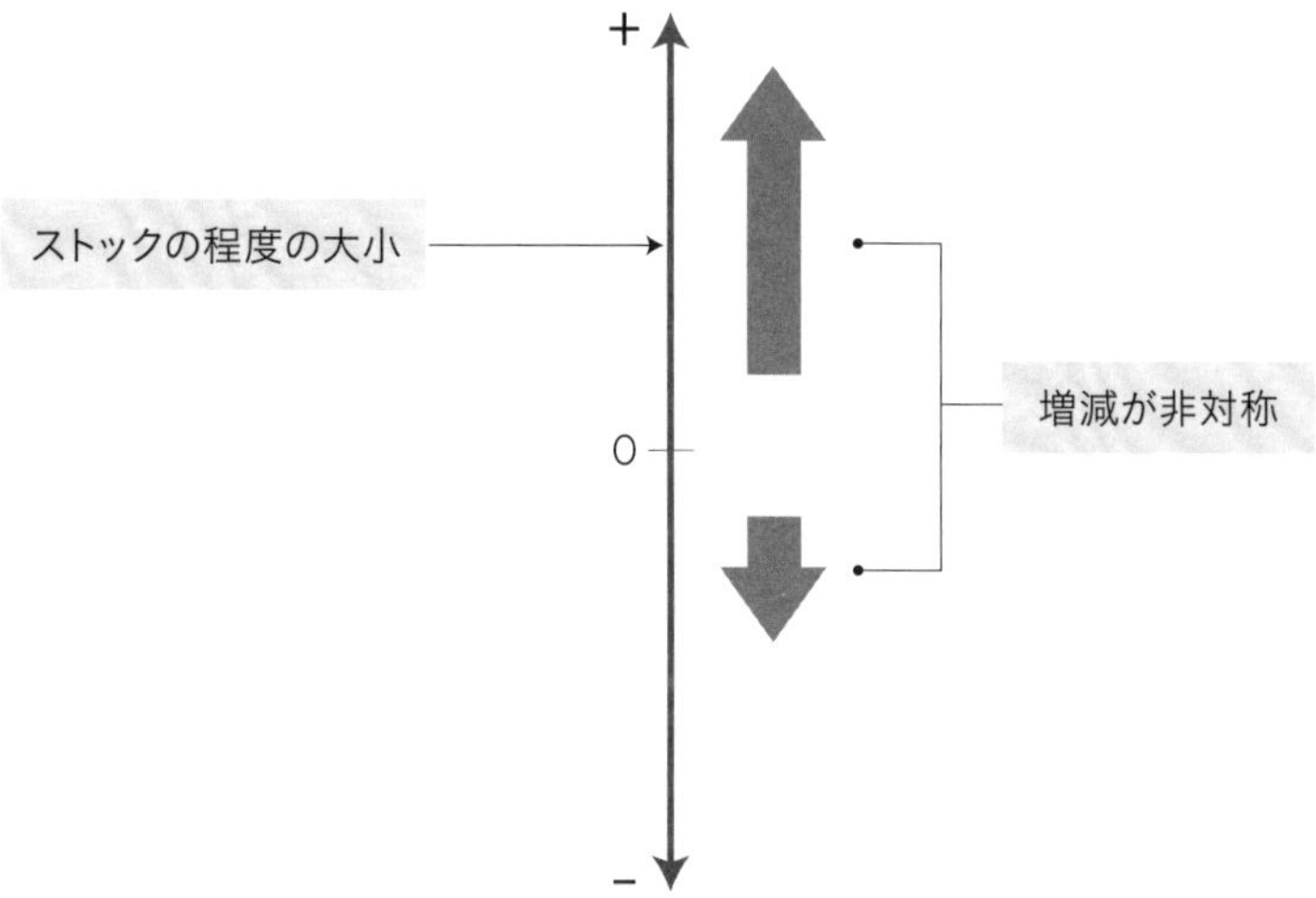

たとえば「ルールや規則の数」をストックの「状態量」としたとき、それが増えるのは大抵、何らかの事件や不祥事が起こり、その再発防止のためだろうと思います。それらが必要とされるタイミングがある程度頻繁にあることが想像できる一方、「ルールや規則の数」を減らそうという動機づけは、極めて弱いものです。

「時代遅れとなったルールは社会の効率性を阻害する」と多くの人が漠然と思っていても、ある日突然、それは不要である、というきっかけが訪れることはありません。

そこに、先に述べた人間の心理的な側面が拍車をかけます。多くの場合、人はいまあるものを減らそうという動きに対して必要以上の不安を感じます。もう時代遅れになっていることは明白なのに、「そのルールをなくして何かあったら誰が責任をとるんだ」といわれれば、「では、しばらく様子を見ましょう」となるのが、組織の常ではないでしょうか。

つまり、ここでは「状態量」としてのストックの非対称性はもちろん、それを生じさせる時間変化に関しても、その結果としての非対称性が存在しているのです。

付記するならば、この「時間軸」を考慮する必要があるかどうかということが、フローとストックの決定的な違いの一つであり、その性質に影響を与えているともいえます。フローとは刹那《せつな》的なものであり、時間でいえば「瞬間」を表現したものです。これに対してストックはあくまで時間的な流れとセットで、その「程度の変化」を語ることが必要になるのです。

「フロー型」から「ストック型」に至る変遷

「時間軸」を考慮する必要があるかどうかということが、フローとストックの決定的な違いの一つである、と述べましたが、この点をより詳しく見ていきます。

「個々のフローの出力が時間とともに蓄積されたもの」がストックであるならば、その流れの影響を受けた変化が、一人ひとりの人間でも、その集団としての組織でも、時間経過とともに同じように発生していきます。より具体的にいえば、一人ひとりの人間でも組織でも、最初は「フロー型」であったものが、徐々に「ストック型」へと性格を変えていくのです。

念のために補足すれば、ここで「フロー型」「ストック型」という表現を使ったのは、先に挙げた狩猟採集社会と農耕社会との比較でいえば、この二つの社会そのものがフローとストックの関係というわけではない、つまり狩猟採集をフローとしたストックが農耕という意味ではないという趣旨からです。それらがフローをベースとした社会なのか、それともストックをベースとした社会なのかという、社会そのものの性質をフロー性とストック性の比較から捉えるという違いについて、「型」という語で表現しています。

それでは、たとえば一人の人間は、どのようにして「フロー型」から「ストック型」へと、その性格を変えていくのでしょうか。

生まれたての赤ん坊は、文字どおり何ももっていません。「所有」という観点で見た場合の物理的なもの、あるいは金融資産や人脈、知的資産としての知識やノウハウなどもない状態から、人生はスタートします。

図1-9「フロー型」から「ストック型」への変遷

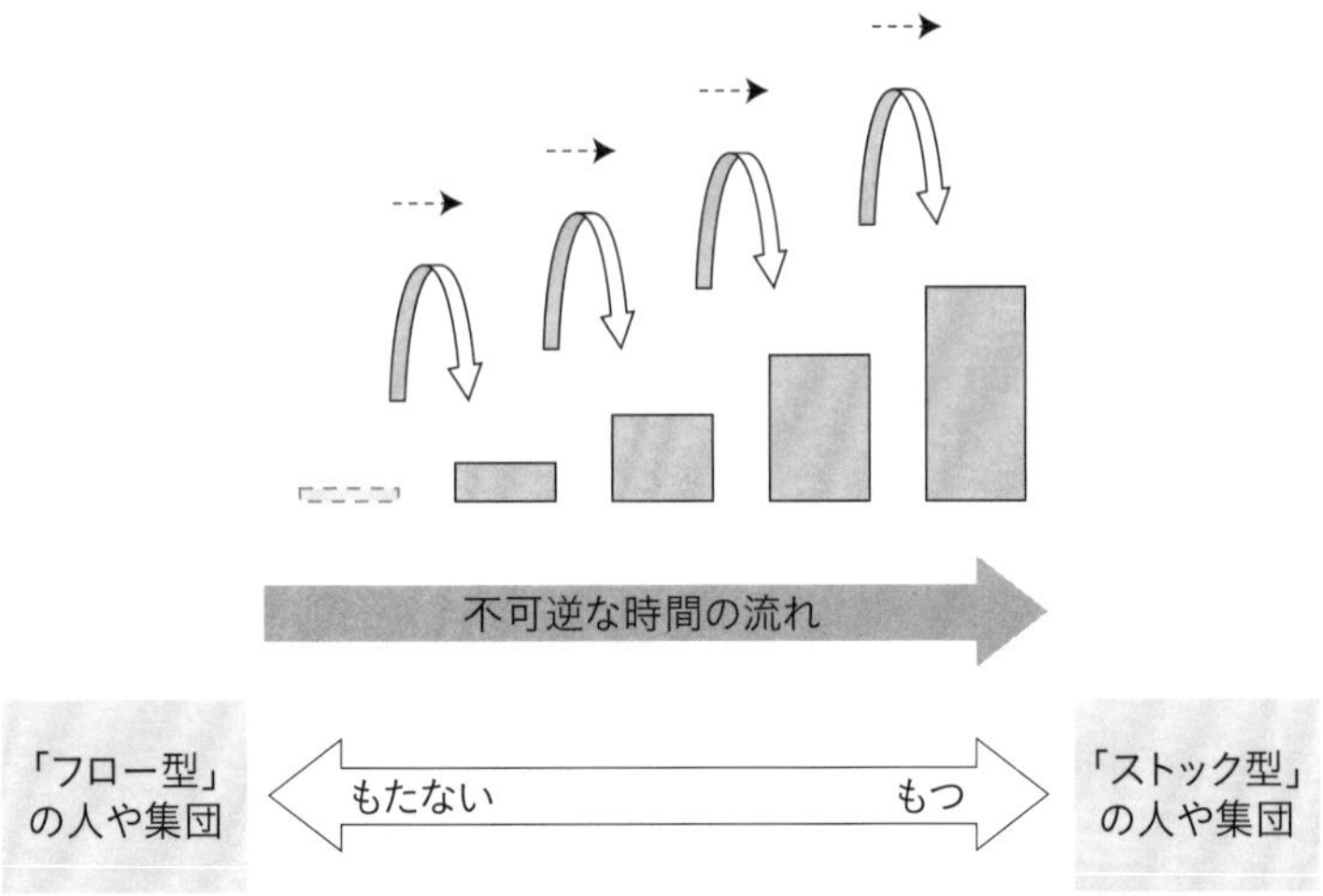

それは究極の「フロー型」ともいえますが、そこから日々のさまざまな行為を通じて人生のストック、つまり言語の習得あるいは学習による知識を手に入れ、さらに大人になってからは、人脈や金融資産、物理的な資産などを蓄積していくことになります。

そうしたなかで順調に年を重ねれば、その人は立派な「ストック型」人間として、「ストック型」思考へと変わっていくことが一般的です。

同様に、人の集団である組織、たとえば会社のライフサイクルも、同じようなアナロジーで考えることができます。

創業したばかりのスタートアップは、「ヒ

ト・モノ・カネ」などのあらゆるリソースが「ないないづくし」の状態です。それが会社の「成長」（これも人間と同様です）に従って、さまざまなものが蓄積されていきます。「ヒト・モノ・カネ」などかたちのあるリソースに加え、「情報」「ノウハウ」「ブランド」「実績」「信頼」などがストックされていった結果、伝統的な「ストック型」の大企業が現れるのです。

生命の生まれ変わりは自然が生み出した知恵？

右記のような話は大胆かつ簡潔に表現すれば、「変化のフローと安定のストック」という関係で整理することができますが、さらにいえば人間や組織のみならず、世の中の流れについても大別すれば、変化期と安定期に分けることができます。

日本の近現代史でいえば、明治維新や第二次世界大戦期などは短期間で急激な変化が起こった時期だといえるでしょう。世界の歴史でいえば、二度の世界大戦や、新しいテクノロジーが急激な変化を生み出した産業革命期なども、そうした時期に該当します。

先に述べたように、一般論としては、変化期にはフローの占める重要性の割合が大きくなり、安定期にはストックの占める重要性の割合が大きくなります。その結果として、変化期には後述する「フロー型」思考回路の人が活躍する場面が多くなり、逆に安定期には「ストック型」思考回路の人の活躍の場が広がります。

もちろんそこにもまた「鶏と卵」の関係があり、「フロー型」の人材が活躍した結果として大きな変化が起こり（技術的なイノベーションなど）、「ストック型」の人材が活躍した結果として大きな安定がもたらされる（仕組みをつくり、運用するのがうまい為政者の登場など）ということもあるはずです。

このように「フローとストック」という概念は、時間変化に伴うさまざまな性質の変化の構造を読み解くうえで、重要な役割を果たします。時間とは不可逆的な変化であるがゆえに、その不可逆的な変化の象徴としてのストックの性質とも、それは表裏一体のものになるのです。

さらにいえば、そこで貯まったストックがどのようにリセットされるのか、ということも明白です。繰り返しますが、ストックの蓄積は基本的に不可逆なので、貯まったストックをリセットするためには、基本的には「生まれ変わる」しかありません。

人間の場合には世代交代というかたちで、会社でも、まさに人間とのアナロジーとしての「世代交代」などで語られる概念が、そうした形態の一つでしょう。

ストックが貯まった「もてるもの」に対して、その持ち物をすべて捨ててリセットしてほしいといっても、それは不可能に近いはずです。だからこそ、別の生命体に生まれ変わるほうが現実的であることは、人間のみならず、生物の世界を見ていても納得感があるのではないでしょうか。

生命の生まれ変わりというのは、ストックの不可逆性を解消してリセットすることで一気にその向きを逆転させるという点で、自然が生み出した一つの知恵なのかもしれません。

「思考と知識」と「フローとストック」の関係

さて、ここまで主に一般論としての「フローとストック」の「対比」を見ながら「フロー型」「ストック型」という言葉を用いつつ、その違いを述べてきました。

ここからは、いよいよこの「フロー型」「ストック型」の両者を「思考と知識」という関係に対応させながら、両者の思考回路を繙《ひもと》き、それらの対立構造からさまざまな個人や集団の活動、ひいてはそれらに時系列で起きる普遍的な変化を説明していきます。

まずは人間の頭のなか、つまり知的活動とはそもそも何か、という点について、日々の

「思考」というフローの積み重ねが、「知識」というストックとなって蓄積されていくというイメージをしっかり押さえてもらいたいと思います。

知識とは、人類が長年にわたって積み重ねてきた行動によって得た知見を蓄積したものです。そこで積み重ねてきた行動をフローとも見なせますが、なかでも知的な行動に的を絞ると、人間の知的活動のフローとは「思考」である、ということができると思います。

文書化された知識とは「言葉や数式で表現している」時点で、抽象化の産物ということができます。第2章でも説明しますが、この抽象化とは人間の思考の中枢を担う部分であり、これはフローとしての思考の産物と言い換えてもよいものです。

こうして人類の知的活動を「思考」がフローであり、その蓄積としてのストックが「知識」であるという関係性で捉えることは、これから述べる人間の思考回路を「フロー型」と「ストック型」で見ていく場合の背景となります。

重心があるのは「イマ・ココ・コレ」か過去か

「フロー型」と「ストック型」の考え方の違いについて、より「個人の思考回路」に絞って比較を行なってみましょう。

図1－10にまとめたように、本章でこれまで述べてきたようなフローを重視し、それに基づいた発想をするのが「フロー型」、対してストックを重視し、それに基づいた発想をするのが「ストック型」です。

言い換えれば、「フロー型」は概ね思考力を重視する思考回路であり、「ストック型」は概ね知識を重視する思考回路ということができます。

それぞれについて詳細に述べていく前に、そのイメージをさらに摑んでもらうために、もう一つ図を準備しました（図1－11）。

図1－10の左側の記述にも関連しますが、この図でお伝えしたいのは、「フロー型」思考回路の人はすべての起点が「イマ・ココ・コレ」にあるということです。「いま手に入る最新の情報」や「いま利用できる最新のテクノロジー」を使って最善の結論を導き出すのが「フロー型」思考回路の人の価値観なので、「過去の経緯」や「意味のない（と思える）伝統」などをいっさい無視して、彼らはとにかく現時点で最善のことを考えていきます。

対する「ストック型」思考回路の人は、それまでに蓄積された伝統や資産を最大限に活用することを考えます。「フロー型」思考回路の人にとってみれば「どうでもよい」と思えるような伝統やしきたりなど、積み重ねられたストックを重視するのです。

ビジネスでいえば旧来のルールや規則、それまでの経緯、前例などを重視して仕事に取り組むのが「ストック型」思考回路の人の特徴です。それらを重視する結果として、「ストック型」思考回路の人の拠って立つ重心は、過去に寄ったものになります。

言い換えるなら、「フロー型」は単純に合理性（それが理屈に合っているかどうか）を重視し、対する「ストック型」はさまざまなしがらみ（理屈に合っているかどうかではなく、人々がどのようなものを大切にしているか）を重視する、とも表現できるでしょう。

この観点も踏まえたうえで、図1－10に戻って「フロー型」思考回路と「ストック型」思考回路の違いを細かく見ていくことにします。

先に、変化の「フロー型」と安定の「ストック型」というお話をしました。この関係は当然、私たち人間の思考回路にもそのまま反映されています。変化を好み、自らそれを仕掛け、それに対して抵抗も感じないのが「フロー型」思考回路であるなら、安定を好み、変化に対して抵抗するのが「ストック型」思考回路です。

変化への抵抗にもさまざまなレベルがありますが、その違いが先にお話しした「粘性の違い」（ねちっこさの違いとでもいえるでしょうか）になるかと思います。

図1-10「フロー型」と「ストック型」思考回路の違い

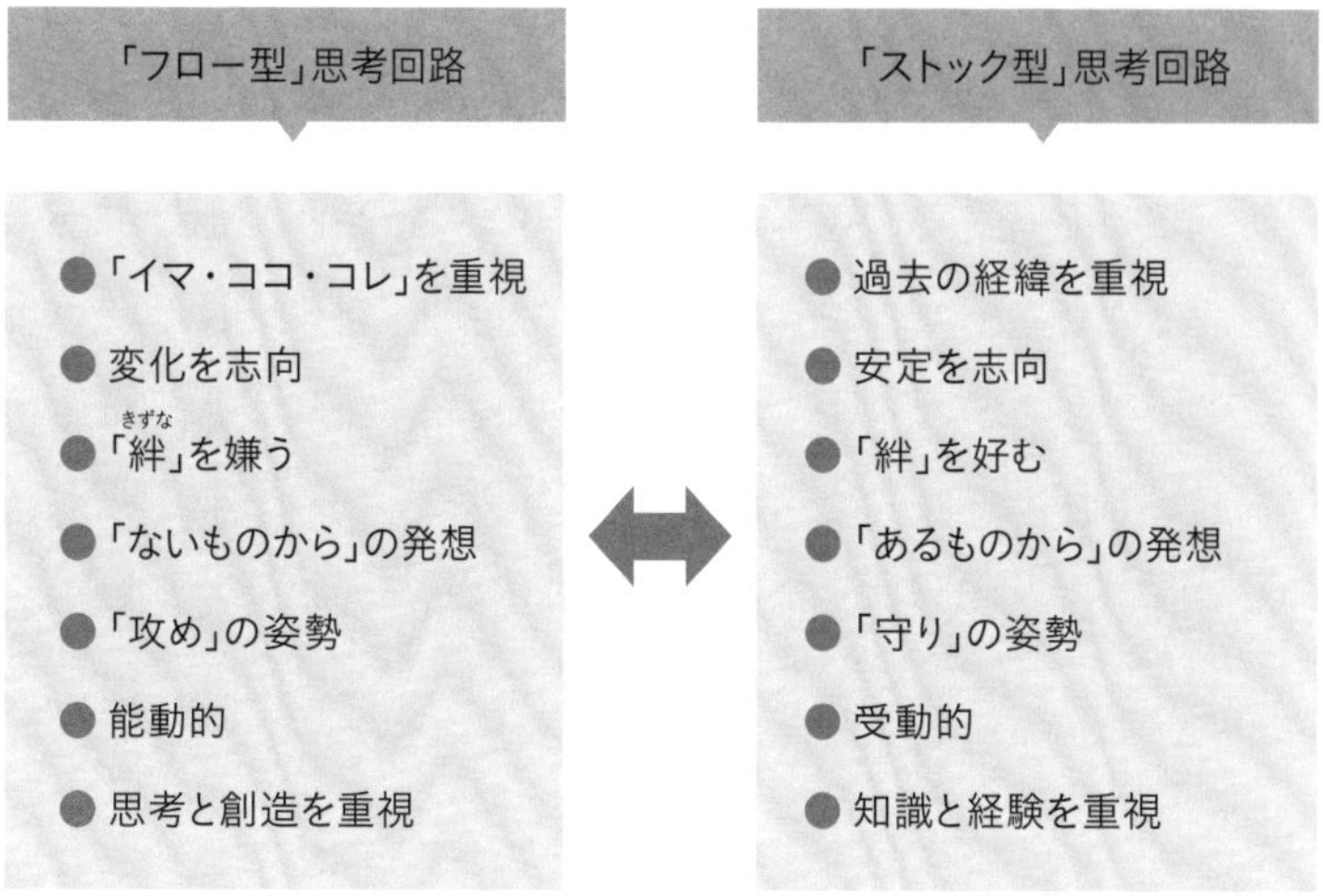

「フロー型」思考回路	「ストック型」思考回路
● 「イマ・ココ・コレ」を重視	● 過去の経緯を重視
● 変化を志向	● 安定を志向
● 「絆」を嫌う	● 「絆」を好む
● 「ないものから」の発想	● 「あるものから」の発想
● 「攻め」の姿勢	● 「守り」の姿勢
● 能動的	● 受動的
● 思考と創造を重視	● 知識と経験を重視

図1-11「イマ・ココ・コレ」の「フロー型」、重心は過去の「ストック型」

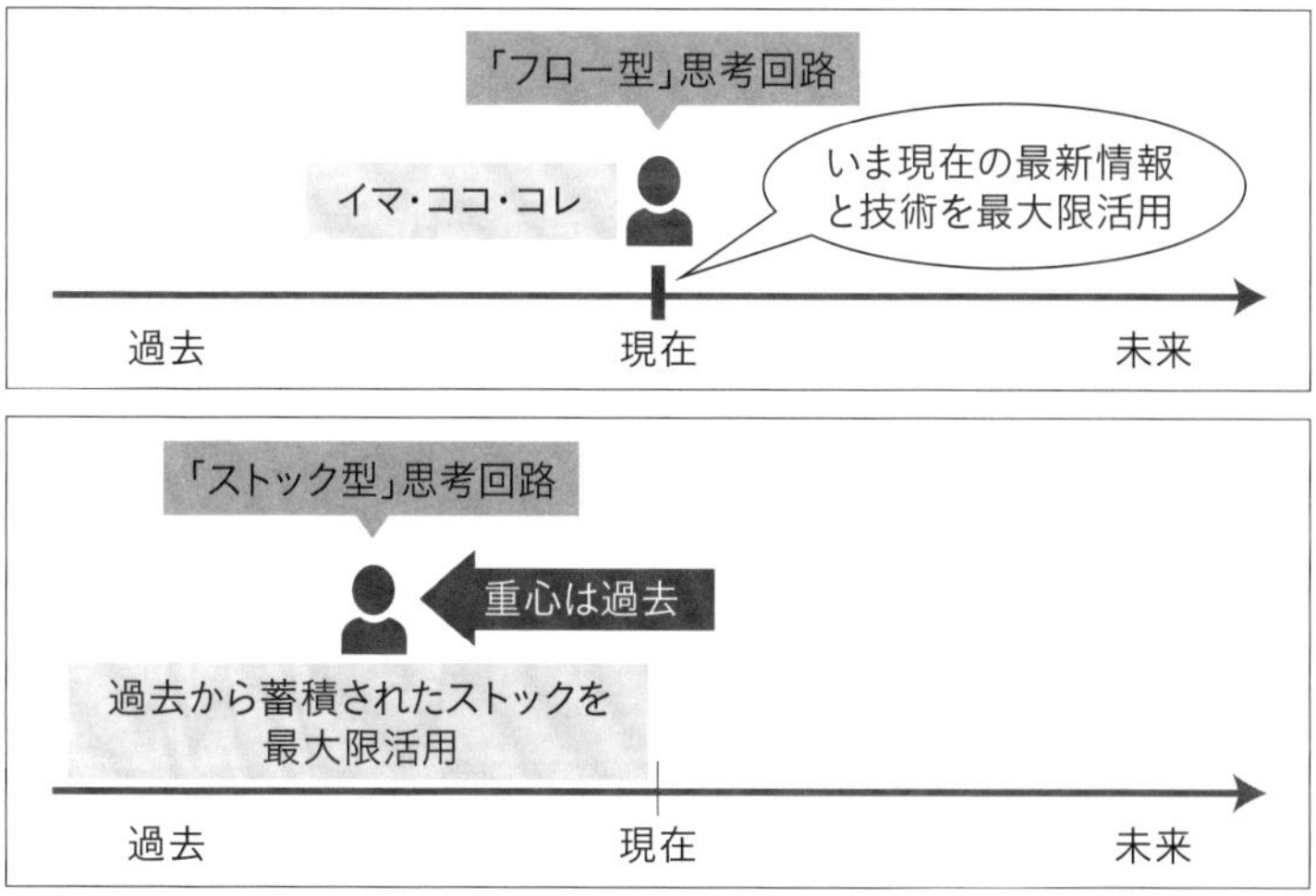

この変化に対する両者の考え方の違いは、私たちの社会や生活の時間的な流れを考えるうえで、とても重要です。なぜなら、さまざまな技術革新やそれに伴う社会変化が起こるとき、その具体的な状況は千差万別でも、変化に対する考え方という点ではつねに両者には同じようなせめぎあいが生じるからです。

「フロー型」は、その場の状況に応じていっさいのストックに関係なく最適な選択肢を選びますから、外部環境の変化に敏感です。その結果として、彼らはさまざまな変化に柔軟かつ迅速に対応していきます。過去の経緯や自分のもっているストック（さまざまな物理的資産、財政的資産、知的資産など）からではなく、世の中にいまある最新の技術やノウハウを使って最善の結果を出そうとするので、時の経過に伴って最適な意思決定は自動的に変化していくことになります。

対する「ストック型」は、過去の経緯と「いままでに自分（やその周り）が蓄積してきたこと」を重視して物事を判断するので、すべてのことは過去を踏まえた、あるいは過去を「ひきずった」ものになります。

したがって、たとえ外部環境が変化していようが、重心が過去にあるために、変化のスピードは「フロー型」に比べるとつねに遅くなるのです。

大きな企業＝「ストック型」企業という誤り

どのくらい安定を志向するのか、ネガティブに表現すれば「変化に対する抵抗の強さ」は、ストック（人間の頭のなかでいえば、蓄積された知識や経験）の「質と量」によって決まります。誤解がないように申し添えると、「変化に対する抵抗の強さ」とは、あくまでニュートラルなものです。安定的な世の中をつくるために「変化に対する抵抗の強さ」は不可欠であり、このあとの図1－12で登場する「頭の固い」「大人げない」「頑固」のような言葉はネガティブな印象を与えるかもしれませんが、「フローとストック」や「粘性の大小」、あるいは第2章で説明する「具体と抽象」はいずれも「諸刃の剣」であって、どちらがよい悪いではなく、両方の長所と短所が状況や環境によって変化することを理解したうえで使い分けることが重要です。

さてそのうえで、質を象徴するものが先に述べた「粘性」だとすれば、量のほうは文字どおりの「量」的な側面（大きさや重さのようなもの）、たとえば、当該領域に関する経験や知識の量になります。

そこでは一人の人間のなかでも、経験や知識がある専門分野と素人の分野で思考回路が

図1-12「質」と「量」で見る人間のタイプ

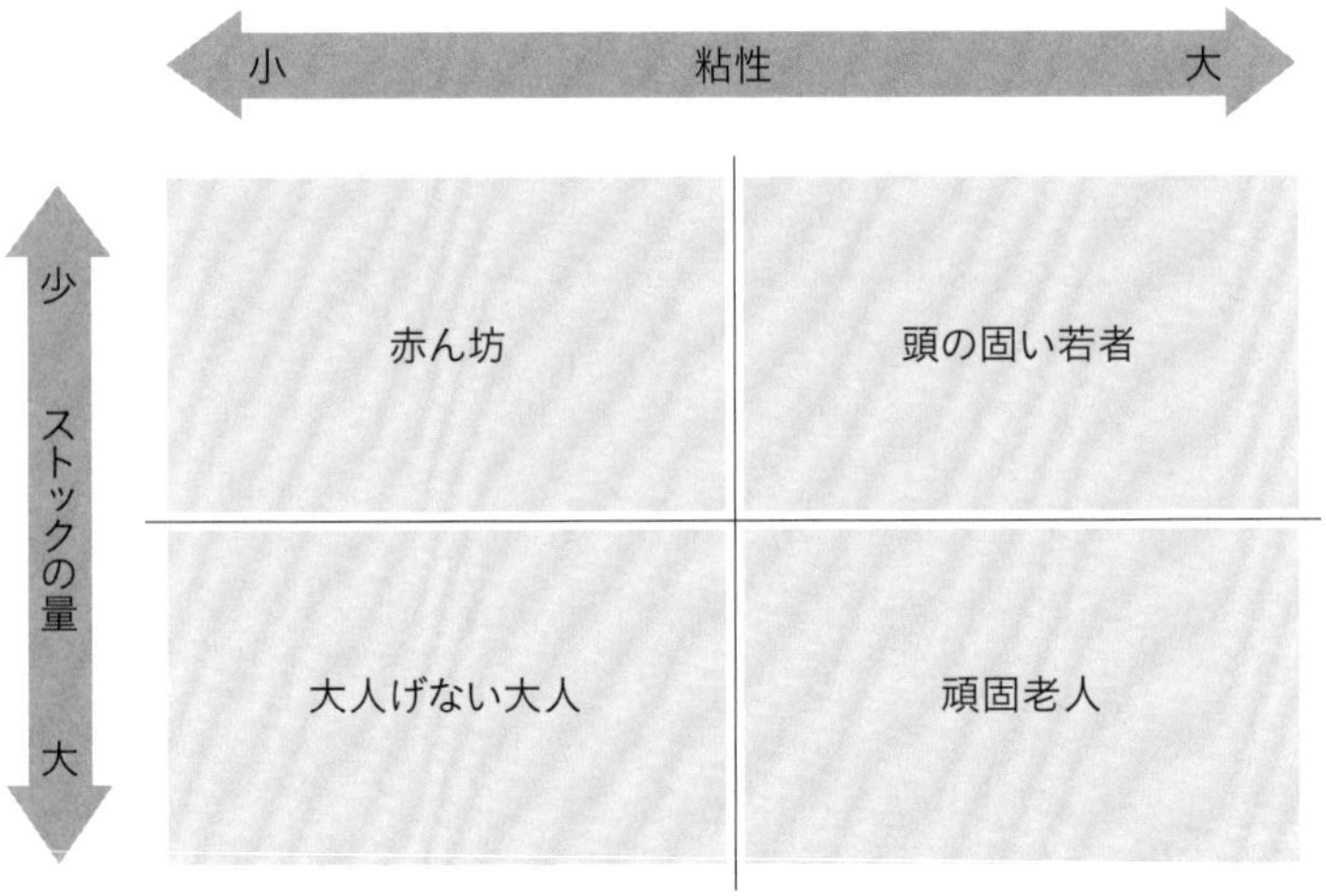

異なり、領域によって二つの思考回路が混在していることになります。その二つの思考回路は、図1－12のマトリックスとして二軸で表現できます。

このマトリックスでは横軸が「粘性」で、左側に行けば行くほど「フロー型」、右側に行けば行くほど「ストック型」になります。一方の縦軸はストックの絶対的な「量」つまり経験や知識です。そこから四象限が生まれます。

一般的には、この横軸と縦軸は相関していると見なされるので、大概は「子供」と「大人」という構図から、「子供＝頭が柔らかい」「大人や老人＝頭が固い」という認識になると思います。

もちろん大きな傾向としてそれが間違っているわけではありませんが、ここで注目してほしいのが「左下」と「右上」の象限です。横軸の粘性は「フロー型」か「ストック型」かという気質によって決まるので、必ずしも成長に従って変化するものではありません。つまり「若いのにストック型」の人もいれば「年をとっているのにフロー型」の人もいるわけです。

この構図は、人間を会社に置き換えてもほぼ同じになります。一般的に、イノベーションや変革への対応の速さは人間でいうところの「子供」に対応するスタートアップ企業が秀でており、「年配者」に対応する伝統的大企業が遅いと見なされます。

しかし、これも二軸で見てみれば、企業の「量」的な側面、つまり売上高の大きさや従業員数などの「企業規模」にある程度相関はするものの、もう一つの軸である「粘性」つまり「『フロー型』か『ストック型』か」という視点から見れば、規模が小さいからといって必ずしも変化やイノベーションに対する反応が速いとは限らず、大きいからといって反応が遅いというわけでもない、という考え方に至ります。

ここでいう「企業が『フロー型』か『ストック型』か」ということを決定する要因は、人間の気質に相当する「企業カルチャー」ということになるでしょうが、要は、規模が大きいからといって必ずしもその企業が「ストック型」である、あるいは小さいからといって「フロー型」である、という決めつけは本質を見誤る可能性がある、ということです。

「即興型」と「用意周到型」の強みと弱み

重心が現在にあるか、過去にあるかということは、普段の行動にも現れます。「イマ・ココ・コレ」を重視する「フロー型」は、その場の情報をスピード重視で最低限入手し、最新技術を使って即興で考えて事に臨みます。対して過去に重心がある「ストック型」は、過去のデータや情報を入念に調査し、しっかり分析して周到な準備を怠りません。

どのような環境下でそれぞれの長所が活かされ、短所が弱点や課題となるのかは千差万別ですが、ここでもキーワードは「変化」です。変化があまりない環境下では、過去を延長する先に未来が見えますから、過去を綿密に研究したほうが概ねよい結果を導けます。対して変化の激しい環境下では、過去のデータや情報が当てにならないうえ、最新技術を使うことのメリットが出てくるので、スピード重視の即興型のほうが強みを発揮できることになります。

「用意周到な人」は変化が少ない環境下では圧倒的に強い代わりに、いざ本番でイレギュラーなことが起こったときの対応に弱いという弱点があり、逆に「準備が適当な人」のほうが本番でのハプニングに強いということは、周囲の人の行動を見たときにも、よく観察される現象ではないでしょうか。

「絆」に関するポジティブ面とネガティブ面

次に図1－10の「絆」に関する違いを見ていきます。それを考えるための補助線として、気体と液体と固体の構造の違いというアナロジーを導入してみます。

気体は入れ物に柔軟に合わせることができ、液体も水と油のような性質の違いはあれども、ある程度入れ物に合わせてかたちを変えられます。対して固体は入れ物に合わせて変形させるのが難しいという点で、それらの粘性が気体＜液体＜固体という関係になるのは、先にも一部述べたとおりです。

端的にいえば、それらの粘性の違いは分子構造の違いに由来しています。たとえば、水分子（H_2O）が、固体（氷）、液体（普通の水）、気体（水蒸気）へと変化するとき、固体→液体→気体と変化するに従って、①分子間の距離が離れていく、②その結果として分子間に働く引力が小さくなっていく、という分子構造の違いがあります。要は、分子同士の引き合う力の差が粘性に反映されていくのです。

ここで水分子を一人ひとりの人間と置き換えれば、そこから「フロー型」と「ストック型」の人の気質の違いを類推することができます。つまり「気体」としての「フロー型」の人は他人と距離を置き、必要以上に密な関係をつくらないのに対し、「固体」としての「ストック型」の人は他人との緊密かつ距離の近い強力な絆をつくり上げる、ということです。

ここでいう絆のポジティブ面とネガティブ面は、そのまま「ストック型」の人のポジティブ面とネガティブ面を表現することになります。東日本大震災が起こった際、復旧に向けて「絆」という言葉が多用されました。あのような状況下で人間同士の結びつきの強さが、心をくじかれた人たちをどれだけ勇気づけたかは計り知れません。

一方で絆のネガティブ面は、その言葉の由来が家畜を一定の場所にとどめておくための束縛の手段であることからもわかるように、「フロー型」思考回路の人がそれを必ずしもポジティブに捉えないということも、感覚的に理解できるでしょう。

要は、「フロー型」の人はよくも悪くもあっさりしてサラサラ、言い換えれば淡泊な性格であるのに対し、「ストック型」の人は、こちらもよくも悪くも粘り強い性格、ということになります。現在と未来に優先順位を置く「フロー型」の人は、義理人情はあまり気にしない代わりに昔の恨みを引きずることもない一方、強い絆を好み過去の伝統や実績にこだわる「ストック型」の人は義理人情に厚く、一度構築された人間関係において礼儀や挨拶を欠かさない、裏を返せばおせっかいで過去の恨みも忘れないしつこさがある、ということになるでしょう。

戦争がなくなる日は簡単には来ない

こうした人間関係の絆の強弱は、普段の仕事や生活における価値観にも合致します。「フロー型」の人は必要以上に他人に依存しない代わりに、責任も他人に転嫁せず、我が身に起きるすべての結果を受け入れる、いわゆる「自己責任型」の人です。対して絆を重視する「ストック型」の人は、よくも悪くも他人との関係をウェットに捉え、他人のことを気にかける代わりに他人からも気にかけてほしいという「相互扶助」の姿勢を基本スタンスとします。

近年、「自己責任論」の賛否が俎上《そじょう》に上げられますが、こちらも「フロー型」思考回路と「ストック型」思考回路の基本的スタンスの違いに起因することが多いため、どちらがよくてどちらが悪いのかは簡単には判断できません。

「ストック型」の世界には、人間同士のあいだに愛情が存在すると同時に、憎しみも存在します。仲間意識があると同時に、敵意もあるということです。この両極が動物に比べて圧倒的な強さで存在することも、人間社会の特徴です。

「ストック型」の世界が存在する以上、多かれ少なかれ、戦争のようなものがなくなる日は簡単には来ないでしょう。なぜなら、「ストック型」の世界と表裏一体となっている人間同士の仲間意識や敵意がなくならないからです。

また、この「粘性」の違いと絆への志向性の有無は、両者の外部の集団との関係性の強弱にも影響を与えます。気体、液体、固体のアナロジーからもわかるように、「粘性」が大きくなる＝絆が強くなるほど、それらは「塊」で存在し、その塊の強さも変化します。

この結果として、「ストック型」思考回路の人たちの集団は結束力が強い反面、排他的になり、「フロー型」思考回路の人たちの集団は結束力が弱い反面、他の集団と容易に交わるとともに、自らも柔軟にそのかたちを変えていきます。

これらの違いは譬えるなら、ナショナリストとグローバリストの違いにも通じるものがあります。あるいは企業でいえば、自前で開発を進めるのか、他社とのアライアンスを積極的に進めるのかという戦略の違いにも関係するものでしょう。

「ストック型」が「脱はんこ」に逡巡した理由

コロナ禍において、それまでの慣習の多くに「そもそもそれは必要か？」という疑問が呈されました。そうした場面で、「フロー型」と「ストック型」の明確な反応の違いが見られました。

典型例の一つは「物理的印鑑や押印（いわゆる「はんこ」）の要否」です。リモートワークの推進に向けての政府の施策として、紙の書類への印鑑の押印は基本的に不要であるとの宣言がなされたにもかかわらず、思ったほどには当初、「はんこの廃止」は進みませんでした。

「イマ・ココ・コレ」という、最新の環境と技術でもっとも効率的なやり方を志向する「フロー型」の人たちは、「待ってました」とばかりにその流れを利用しようとしました。理屈でいえば本人確認としての印鑑の有効性は（どこでも誰でも簡単に他人のものが入手できるという点で）極めて疑わしいうえ、デジタル化すれば出社も不要で圧倒的に効率的であることは明らかだからです。

一方で「ストック型」の人の多くは、「なんとなくはんこがないと不安」という「フロー型」からすると理解できないような感情によって、なかなか「脱ハンコ」に踏み切れないケースが多発しました。この「根拠のない不安感」こそ、「ストック型」が拠って立つ「共同幻想」

です。「ストック型」の人は理屈が通っているかどうかよりも、自らが所属する集団で他の人がどう思っているかという「常識」などをベースに意思決定を行なうからです。

「あるものから」と「ないものから」の発想

「フロー型」と「ストック型」思考回路の違いを考えるうえで、簡単な問題を出してみましょう。以下の二つの問いについて、それぞれ一分間考えてみてください。

- 二十年後に（ほとんど）なくなっているもの
- 二十年後に新しく生まれているもの

いかがでしたか。そのうえで、さらに以下の問いについて答えてみてください。

- 二つの問いのうち、どちらが考えやすかったでしょうか？
- 「なくなっているもの」は、どのようにリストアップしたでしょうか？
- 「新しく生まれているもの」は、どのようにリストアップしたでしょうか？

この問題を考えるときのポイントは、「あるものから」の発想と「ないものから」の発想の違いです。

基本的に「なくなっているもの」とは、すべていま「あるもの」と表現できます。そして「あるものから」発想するということは、ある意味でいま世の中にあるものを頭に思い浮かべながら、「これはなくならない、これはなくなる」といった「チェックリスト」を確認しているわけですから、その作業に取り掛かるのは比較的容易で、「頭が真っ白になる」という状況にはならないと思います。

一方で、「新しく生まれているもの」についてはどうでしょうか。これには大きく二つの方向性があり、一つは「新しく生まれているもの」であっても、すでにテレビやインターネットなどで有識者のような人が「こういうものが生まれてくる」と発信していることで、情報や知識としてはかたちになっているものです。その意味では、こちらも広義にはすでに「あるもの」に含まれるといえます。

たとえば、技術革新によって今後生まれるであろうものとして、自動運転車や再生エネルギー関連などの製品が考えられます。これらがまだ試作品や実験段階のフェーズであったとしても、技術革新によって古いものが新しいものに置き換わるという点では、その拠りどころとしてのいま「あるもの」が存在するはずです。

もう一つは、たとえばこうした技術革新という変化によって、まさにこれまでまったくなかったものが生まれてくる、というパターンです。これは真の意味での「ないものから」の発想になりますが、当然ながら、そこには「チェックリスト」のような拠りどころはなく、純粋な想像力・創造力の産物となります。

このように、「あるものから」の発想と「ないものから」の発想（とくに後者の「チェックリストがないもの」）では、明らかに頭の使い方が異なります。大多数の人にとっては「あるものから」の発想はそれほどハードルが高いものではないでしょうが、「ないものから」の発想

図1-13「あるものから」と「ないものから」

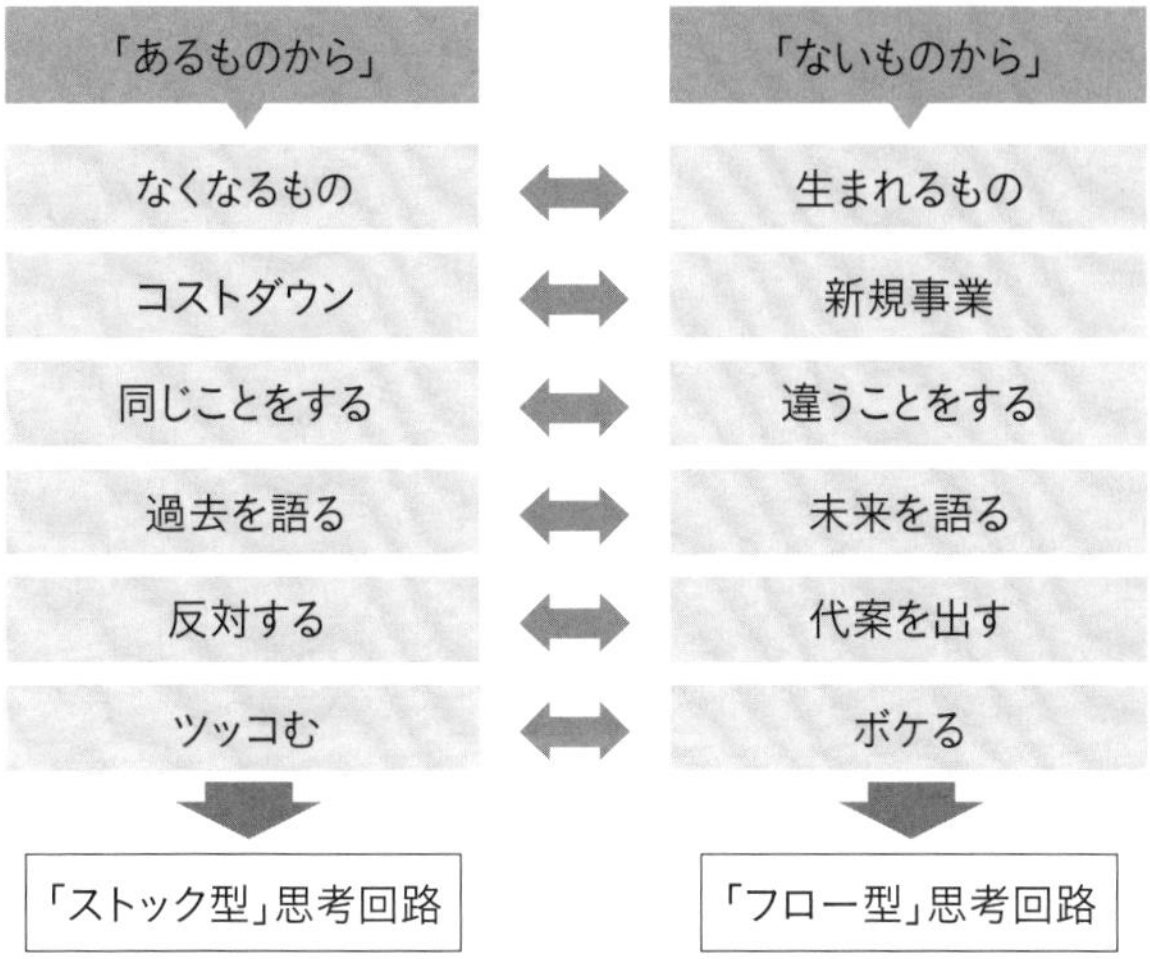

はなかなか難しいことでしょう。

ところが、ならば実際にどちらのほうが選択肢が広いかといえば、「あるもの」が有限であるのに対し、「ないもの」は人間の想像力や創造力がボトルネックとなるだけで、じつは無限に存在しえます。

こうして「有限だが、わかりやすいために考えやすい」という「あるものから」の発想と、「摑みどころがなくわかりにくいが、じつは無限の可能性がある」という「ないものから」の発想という二つの世界が、「フロー型」と「ストック型」思考回路にも影響を及ぼしているのです。

すでにおわかりのように、「あるものから」の発想が「ストック型」思考回路であり、

「ないものから」の発想が「フロー型」思考回路ということです。そうした思考回路が図1－13のような双方の特徴を生み出します。

つまり「フロー型」は、何もないところでその場にある材料を集めてその場で考え、結論を出していくのに対し、「ストック型」は、「過去の蓄積」つまり「あるものから」の発想を行なって、それを行動につなげていくのです。

しがらみを無視する？ 最大限に活かす？

「あるものから」と「ないものから」の発想は、「しがらみの有無」という見方もできます。「フロー型」はつねに「しがらみなし」のゼロベースで物事を捉えるのに対し、「ストック型」は「しがらみあり」の状態からすべてを発想します。

まずはしがらみがあるという前提で、それを最大限活かす方向で未来の方向性も決定しようというのが「ストック型」であり、そのようなしがらみを端《はな》から無視して発想するのが「フロー型」ですから、両者の発想は対立して当然です。

ここでいう「しがらみ」とは、肯定的にも否定的にも機能するという点で「絆」にも似ています。この「しがらみ」は、さまざまな人脈や会社同士のネットワークを指します。
あるときには肯定的に機能する人脈は、ライフスタイルを変えようと思ったときなどに思わぬかたちで「負債」に変化します。企業でいえば、長年の付き合いから旧態依然としたサプライヤーとの関係を切れないなどというケースを典型例として、このしがらみが散見されるはずです。

攻めの「フロー型」、守りの「ストック型」

「ないものから」発想する「フロー型」と「あるものから」発想する「ストック型」との違いは、「攻めと守り」という違いにもつながります。ここでいう「攻めと守り」とは、スポーツから戦《いくさ》、はては戦争まで、何らかのかたちで二者以上が競ったり戦ったりする場合に発生するものです。

基本的なマインドセットが、「攻めと守り」では大きく異なっています。その違いをまとめたものが図1－14です。

もちろんそれぞれの詳細は状況によって変わりますが、「攻め」の特徴はハイリスクハイリターン、かつ「失敗して当たり前で、うまくいけば儲けもの」であるということです。一方で「守り」の特徴はローリスクローリターン、「うまくいって当たり前で、失敗すると非難される」というものです。

国民的なスポーツの試合があった翌日、新聞やインターネットに躍る見出しが「うまくいった攻め」か「失敗した守り」であることがほとんどであるのは、その現れでしょう。

こうした性質を反映し、「攻め」に対する評価は合格点が比較的低く、かつ加点主義となりますが、一方の「守り」に対する評価は合格点が比較的高く、かつ減点主義となることが多いのも特徴です。

さらに、「攻め」は一点突破をめざすのに対し、「守り」は全方位を固めることに重点を置きます。この違いは、「攻め」と「守り」がもっている構造的な関係性に由来します。図1－15を見てください。図中の円は「自陣」であり、この円のなかに味方の戦力がいるという想定をしてもらったうえで、まずは「守り」の側の立場を考えてみましょう。

「守り」の側からすれば、敵はどこから来るかわかりませんから、全方位を固めるしかなくなります。また、どこかが突破されるとそこから「攻め」の側が一気呵成《かせい》に入ってくるので、とにかく「どこも突破させない」ことが至上命題になります。

図1-14 攻めvs守り

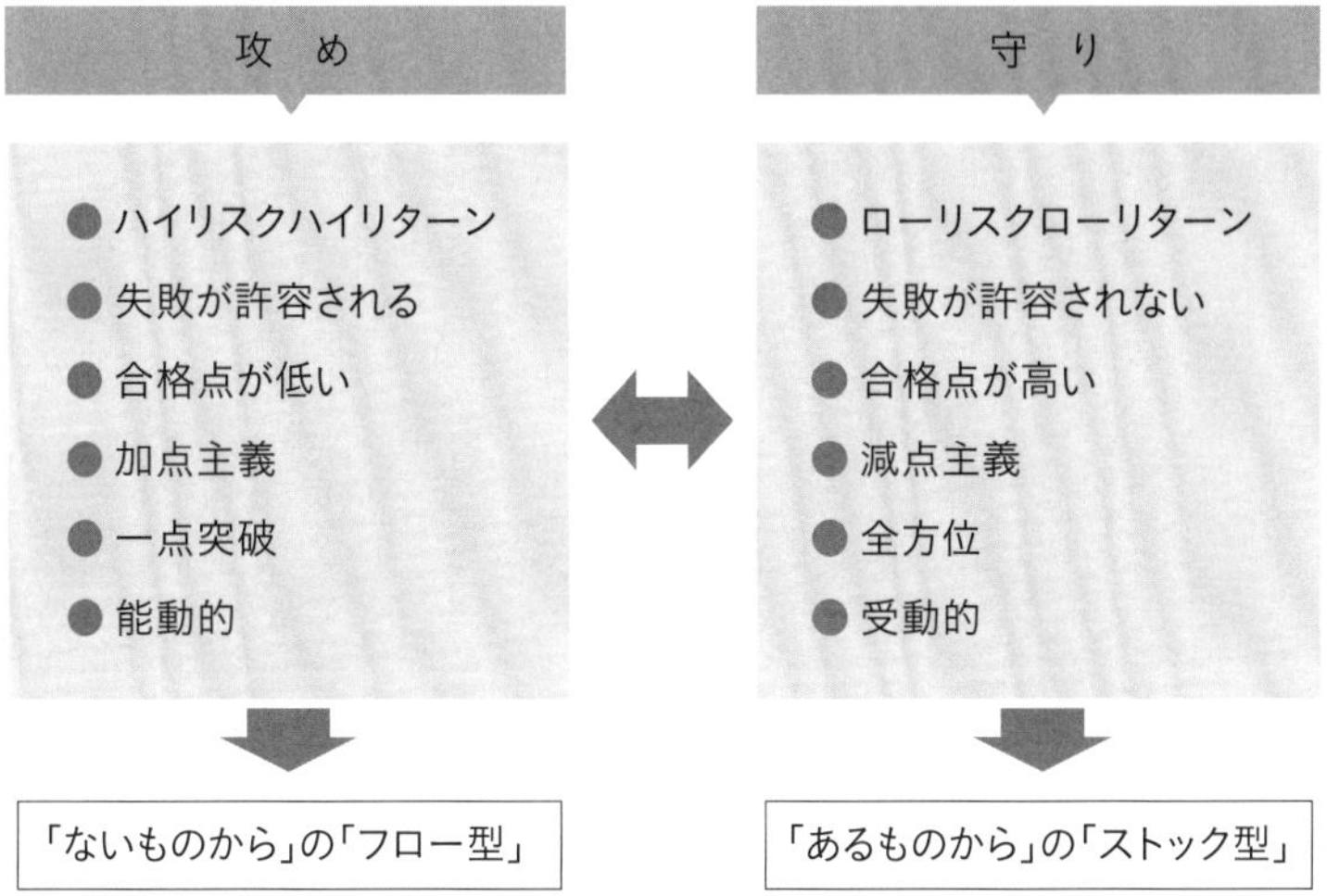

これに対して「攻め」の側に立てば、逆に「とにかく一点突破」を考えればよいわけですから、どこかにリソース（ヒト・モノ・カネ）を集中させることが重要になります。

リソースという意味では、基本的には全方位を考えなければならない「守り」のほうがより多くを必要としますが、「攻め」はどこか一点に集中させるリソースがあれば（少なくとも最初の突破に関しては）攻撃の糸口が摑める、というわけです。

こうした違いが、「守り」の側は多くのリソースを平均的に配備する、という発想をもたらすのに対し、「攻め」の側はどこを攻めるかの作戦がうまくいけば、必ずしもリソース量で上回る必要はない、という発想

図1-15 攻めと守りの関係

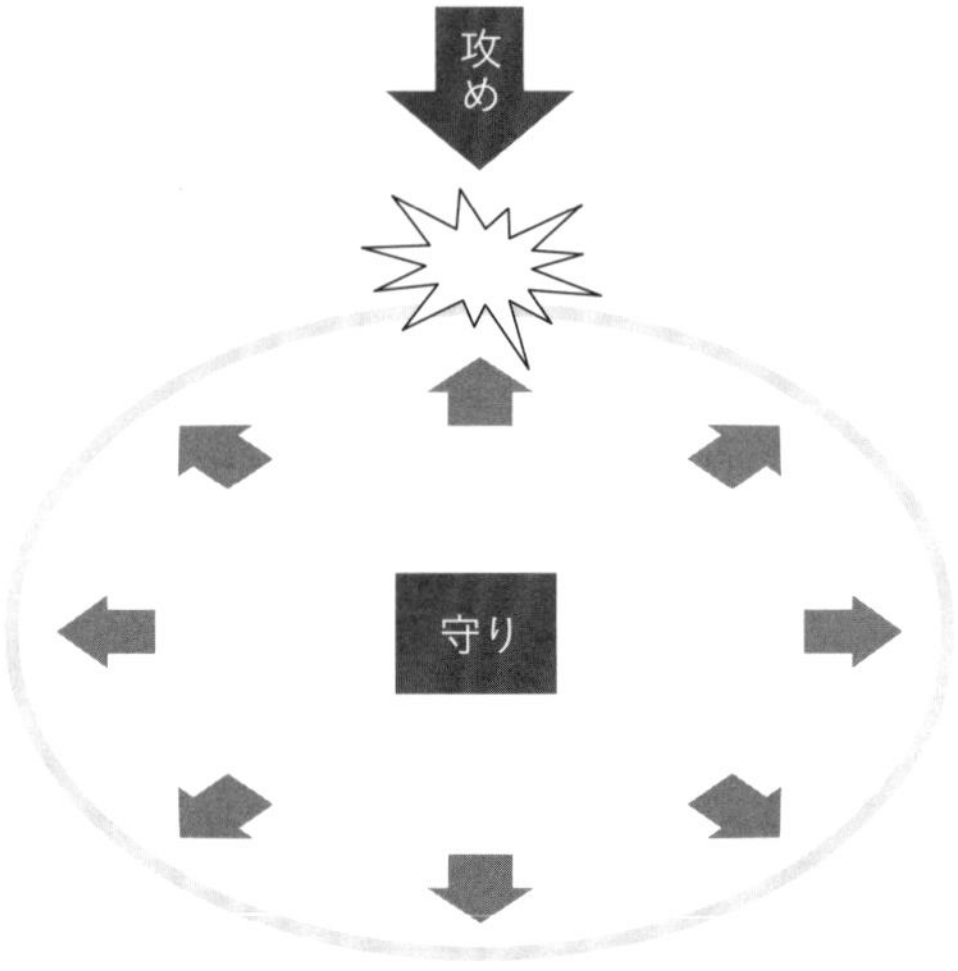

へとつながっていきます。

さらにいえば、「どちらが先に動くか」という判断も、「攻め」と「守り」のリスクに対する考え方からおのずと導かれます。「守り」がリスクを最小限にしようとすれば、「まずは相手の動きを見る」ことが必須になります。対して「攻め」は先に動かなければ何も始まりませんから、つねにリスクを背負って先に動くという行動をとります。

そこで「フロー型」は「能動的」であり、「ストック型」は「受動的」である、という言い方もできるでしょう。要は、「リスクを最小化する」を旨とする「守り」と「リターンを最大化する」を旨とする「攻め」との違いがある、ということです。

このように、「攻め」と「守り」のマインドセットはある程度、それらがもっている性質に由来していますが、さらに根本をたどれば、「守り」の側は「自陣」というすでに「あるものから」発想するのに対し、「攻め」の側は「失うものはない」という「ないものから」発想している、ともその違いを表現できます。

資産であったストックが負債になることも

これらの点からもわかるように、「ストック型」の発想をそうたらしめるものは、何らかのストックを蓄積された状態で「もっているから」ということになります。そう見なせば、どのような環境や外部条件が人を「ストック型」の発想にさせるかということが、自動的に理解できます。

つまり、「ストック型」は自分や自分たちがいまもっているものを最大限に活用しようという思考になりますが、一方の「フロー型」はよくも悪くも何ももっていないので、その場にあるものやすぐ入手できる最善の材料や情報を使った意思決定をしようという思考になるのです。

ここでいう「もっているもの」とは、お金、人脈、知識、その他のさまざまな資産などすべてのストックであり、その結果として、若者よりは年配者、スタートアップよりは大企業、伝統のない国よりは伝統のある国、貧困層よりは富裕層、「学や教養のない人」よりは「学や教養のある人」が、一般論でいえば「ストック型」になる可能性が高いといえます。

その一方、そこで「もっているもの」は時間とともに価値が変化し、以前は資産であったものが負債に変わりうる、という可能性も忘れてはなりません。

たとえば世の中を変えるような技術革新が起きた結果として「ストック型」が「もっているもの」が負債へと変わり、しかしそのマインドセットが切り替わらないために、彼らが「最新技術に乗り遅れる」ことによって「フロー型」から「抵抗勢力」と見なされる、ということなどが、その典型例です。

二つの知的能力「流動性知能」と「結晶性知能」

「フロー型」と「ストック型」の比較の最後は、「思考と創造を重視」するのか、それとも「知識と経験を重視」するのかという点です。

そのことを考えるために、再び俎上に乗せたいのが「頭の固さ」です。

先に、若者であるからといって必ずしも頭が柔らかいわけではない、逆に年配者であっても必ずしも頭が固いわけでもないと説明しました（頭の固い若者、大人げない大人、など）。

とはいえ、一般的には「フロー型」思考回路が世にいう「柔らかい頭」であり、「ストック型」思考回路が「固い頭」になるかと思います。

一般的に、「頭が固い」という状態は、

- 変化に対して抵抗する
- その際に自説を曲げない
- 結果として、他人の話を聞かない

などになります。このうちの最初の二つは「ストック型」思考回路の定義からしてこの傾向になりますし、三つ目はこれらの結果としての状態ですから、「ストック型」思考回路の人はこれら三つを必然的に満たすことになります。「柔らかい」という表現が「フロー」のイメージに、「固い」という表現が「ストック」のイメージに近いものであることからも、それは明らかです。

とはいえ、こちらも繰り返しますが、ここでいう「固い」とはネガティブな意味だけではありません。変化に弱い「ストック型」思考回路が裏を返せば安定に強いということも、すでに言及したとおりです。人間のマジョリティは「ストック型」思考回路であって、彼らは他人とのかかわりや過去の経緯を重視することで時間軸の一貫性を保ちながら日々の生活を送り、生活を維持してきました。

そこで「フロー型」と「ストック型」がもっている知性とは、優劣ではなくそれぞれに異なるもの、といえるでしょう。

一九六三年、イギリス出身の心理学者であるレイモンド・キャッテルは、人間の知的能力として二種類の構成概念を提示しました。

要約すると、それらは「流動性知能」と「結晶性知能」とに二分され、前者は新たな環境に適応するために新しい情報を獲得し、それを処理、操作していく知能であり、処理スピード、直感力、法則を発見する能力などを含んでいるのに対して、後者は長年にわたる経験、教育や学習などから獲得していく知能であり、言語能力、理解力、洞察力などを含んでいる、というものです。

その名称からもおわかりのとおり、流動性（Fluidity）と結晶性（Crystallinity）という表現は、フローとストックという概念と合致します。変化に対して柔軟に対応する思考力をかたちづくる「流動性知能」と、知識や経験を蓄積することで形成される「結晶性知能」は、「フロー型」と「ストック型」それぞれの思考回路を象徴するものといえるでしょう。

「ストック性」への依存こそ人間社会の根本

このように「フロー型」思考回路と「ストック型」思考回路を比較するにつけ、あらためて、動物社会と人間社会との違いの根本が、社会のストック性に大きく依存していることを理解いただけたかと思います。

ストックの代表としての「所有」の概念は、繰り返しますが人間社会および資本主義社会の根本であり、そのインフラを成り立たせるものになっています。考えてみれば、地球上の土地を誰それのものであると、動物や植物たちに断りもなく宣言し、それをベースに生活を成り立たせること自体が、動物たちからすれば傲慢このうえない行動でしょう。しかし、それこそが人間を現代人たらしめている概念の一つなのです。

さらに、知識の膨大な蓄積もストックのなせる業であり、富の蓄積による大規模なプロジェクトの実施、それによるインフラ整備なども、ストックの概念なしには成り立ちません。その前提として必要な「固体分子」のような人間同士の「引力」も、集団生活を成立させるためには不可欠であり、こちらもストックの概念と表裏一体のものといえます。

そしてもちろん、ポジティブな側面だけでなく、「過去の因縁」からの終わりなき戦争の歴史や、個人同士の「うらみつらみ」から来る諍いも、「過去を引きずる」ストックのなせる業です。

そこで「フロー型」と「ストック型」という二種類の思考回路の人が存在しているという事実が、人類の歴史においてつねに「世の中をよくしようと変化させようとする人」と「世の中が悪くならないように伝統を守ろうとする人」との対立構造を生み、それが歴史の転換点における政治体制の変革や企業活動でのイノベーションにおけるメカニズムとして働いてきたことを、本章の最後にいま一度、確認しておきたいと思います。

第2章では、この「フローとストック」をいったん離れ、本書の後段を理解するために不可欠なもう一つの概念である「具体と抽象」について概観していきます。

第2章

人間の思考に欠かせない「具体と抽象」

抽象とは動物が感じない「目に見えない概念」

第2章では、前章で述べた「フローとストック」の概念に加え、第3章以降で解説する「CAFSマトリックス」を構成するもう一つの軸である「具体と抽象」について説明を行なっていきます。

ただし、この「具体と抽象」については拙著『具体と抽象』や『「具体⇅抽象」トレーニング』（PHPビジネス新書）などで詳細に語っていますので、関心がある方はそれらの本をご参照いただき、本章では本書の理解に関して必要不可欠と考えられる内容に焦点を絞りたいと思います。

本書の主題であり目的は、「世の中の具体的な個別の事象を抽象度を上げて連続的に捉えることで、その変化のメカニズムからさまざまな事象を説明し、次に起きる出来事の予想を可能にする」ということでした。この「抽象度を上げて」というところで、「具体と抽象」の本質を理解しておく必要が生じます。

ここでいう「抽象」とは何か、ということについては、動物でも五感で感じることができる具体的な事象に対して、そこから何らかの知的能力を使って頭のなかでさまざまなこ

図2-1 具体と抽象

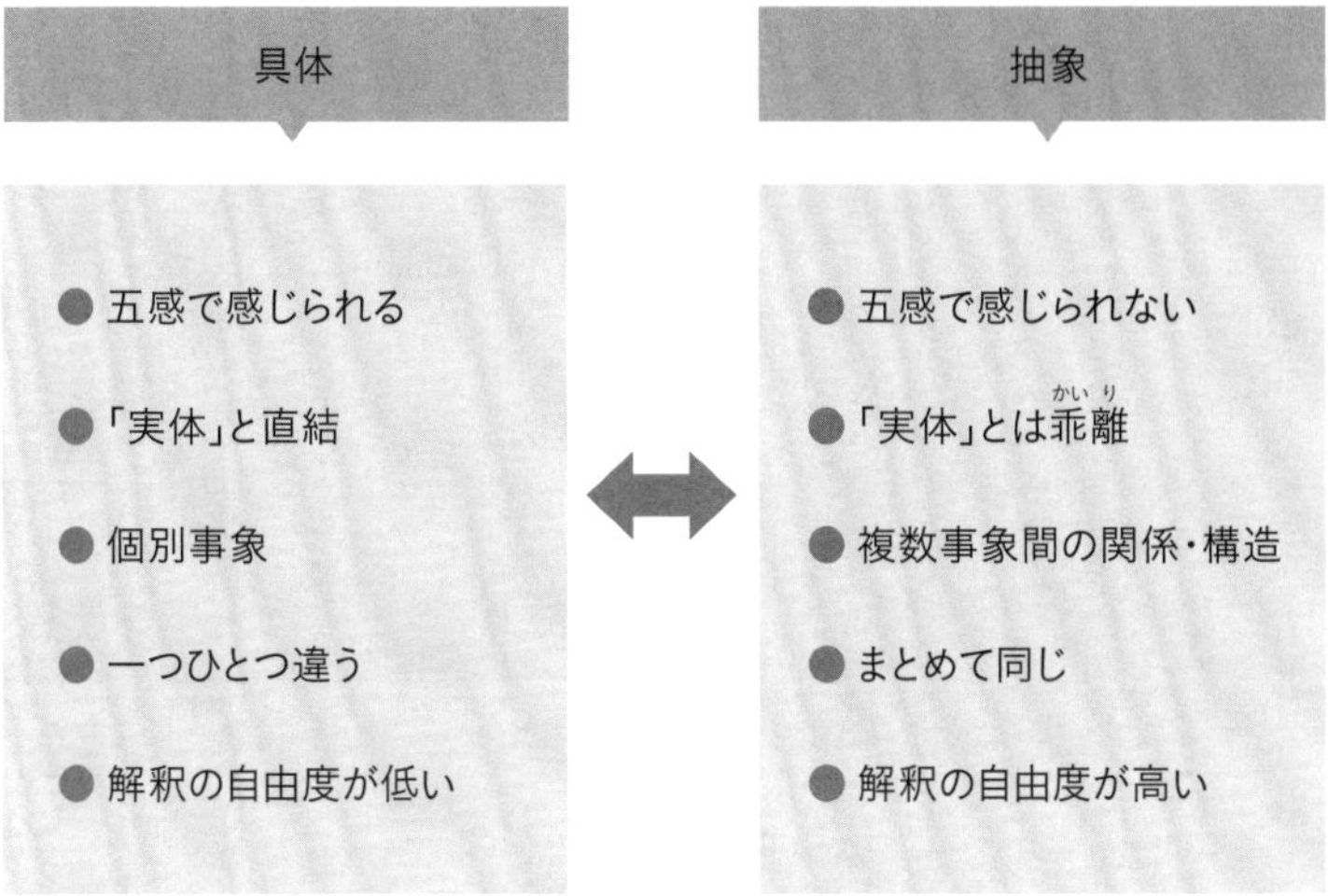

とを想像したり、創造的な知的創作物をつくり出したりという人間の能力と表裏一体のもの、と理解いただきたいと思います。

つまり、動物にも見える「目に見える具体的事象」に対して、動物には見えない「目に見えない概念」が「抽象」であるということです。

こうした抽象世界をもつことによって、人間は人間だけにしか構成できない社会を営んできました。

人間が動物たちと決定的に違っているのは、高度な知的能力を操れることです。その結果として、さまざまな道具や科学技術を駆使することで生活を豊かにし、動物とは異なる変化や進歩に富んだ歴史をたどってきました。この知的能力の基本ともいえるのが、抽象化能力なのです。

この抽象化の産物として代表的なものが、「数」「言葉」「お金」であるといえば、それがどれだけ人間の生活を進化させ、支えてきたかがわかるでしょう。それぞれがいかに抽象化によって成り立っているのかということについては、後述したいと思います。

「見えない世界」の割合が大きい人間社会

「動物には見えない世界」が見えていることによって、人間は他の動物とは異なる特徴＝知能を有し、それが人間社会の強力な（時にはマイナスの）推進力として働くことで長年の歴史が構成されているわけですが、逆にいえば、そこで「見える世界」とはすなわち、具体の世界ということになります。

念のために補足すると、ここでいう「見える」「見えない」とは視覚だけではなく、五感で感じられるものすべてを象徴的に「見える」という表現をしています。

さらにいえば、たとえば「電磁波」「紫（赤）外線」「ウィルス」「放射線」などは目には見えませんが、多かれ少なかれ私たちの人体にも動物にも等しく影響を及ぼし、物理や数学な

図2-2 動物の世界と人間の世界

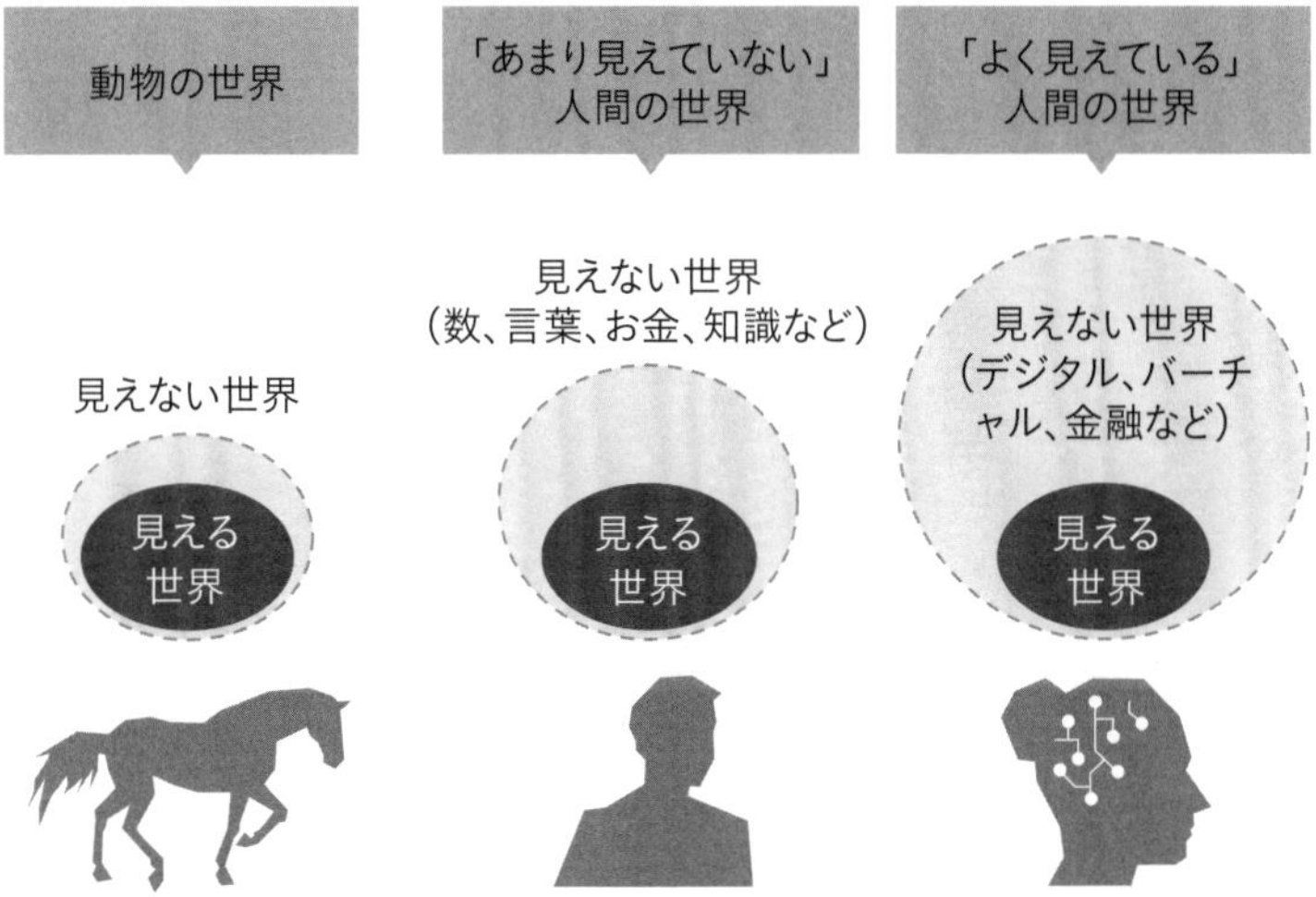

どの理論体系によって説明できる物理現象であるという点で、本書においてはこれらを「見える世界」と見なします（ただし、それを理論的に裏づけたり活用したりするための知識は「見えない世界」の産物です）。

さて、ここで動物の世界では「見える世界」＝五感で感じられる部分が、人間に比べれば圧倒的に大きな割合になることは容易におわかりかと思います。もちろん動物も知能を有していて、目に見えない世界も少なからずあると思いますが、高度に知能の発達した人間に比べれば、図２－２のとおり、その割合は小さなものだといえます。

さらにもう一つ重要な点は、人間社会では「見えない世界」の割合が大きいがゆえに、人間のなかでもそのような世界が見えている人と、見えていない人とのあいだに大きな差が生まれている、ということです。

本書でいう五感で感じられる「見える世界」とは、物理的なものやアナログの世界です。対して本書でいう「見えない世界」とは、基本的には五感で感じられない世界を指します。近年、DXによってソフトウェアやICT（情報通信技術）が著しく進化していますが、それらが「見えない世界」だとすれば、ハードウェアやアナログなモノづくりが「見える世界」であるといえるでしょう。

またそこでは当然のこと、昨今の技術進化によってこの「見えない世界」の領域が一気に拡大していることも、これからの議論の布石として申し添えておきたいと思います。

「見える世界」と「見えない世界」の特徴

数を用いた科学技術の発達、言語によるコミュニケーション、お金という概念による貨幣経済や資本主義の普及など、私たちの日常は抽象概念なしには成立しません。さらに近年ではICTなどのデジタル技術が生活に深く入り込み、繰り返しますが「見えない世界」

図2-3「見える世界」と「見えない世界」の特徴

「見える世界」の特徴	⇔	「見えない世界」の特徴
●「足し算」の世界		●「掛け算」の世界
●算術的変化		●指数関数的変化
●コピー有料		●コピー無料
●差がつきにくい		●差がつきやすい
●二極化しにくい		●二極化しやすい

の領域がますます拡大しています。いまや「スマートフォンがあるかないか」だけで、私たちの生活は激変するはずです。

それでは、そうした「見える世界」と「見えない世界」の特徴とは何でしょうか。図で簡単にまとめてみましょう（図2－3）。

「見える世界」では、物理的な実体が存在するぶん、よくも悪くも変化が目に見えやすく、さらには物理的な制約があるぶん、算術的な足し算の変化をすることが多いのですが、一方の「見えない世界」では、簡単に指数関数的な変化を起こします。

デジタルテクノロジーがその例で、「見えない世界」では複製が無料かつ容易なため、あっという間に大量のコピーが出回ったり、SNSの世界で一度火がつくと、炎上というかたちでそれが燃え広がって急速に広がるなどが起こります。

あるいは貧富の差も、それが物理的な資産の量であれば、人によって一万倍の差がつくことは簡単ではありませんが、抽象概念かつデジタルに馴染《なじ》みやすいマネーの世界では、資産があっという間に複利という指数関数的な増加を見せ、天文学的な差がつく可能性をはらんでいます。

こうした「見えない世界」の性質が、動物の世界ではほぼ見られない貧富の差を生み出すことにつながります。物理的な個体差や運動能力の差に関しては、動物も、動物の一種としての人間もせいぜい数倍の範囲に収まるでしょうが、人間が突出している知的能力についてはとんでもない差がついてしまう、ということです。

たとえばある領域における専門家と素人の知識差は、数百倍もの差があっても不思議ではないでしょう。

さらにいえば、そうした知識差はまだ可視化することが不可能ではないともいえるかもしれませんが、これから本書で述べる「抽象化」の能力もまた、個人によってとんでもない差がつくはずのものであるにもかかわらず、そもそもそれが客観的に「見えづらい」というジレンマがあります。

人間社会の基礎をなす「数」「言葉」「お金」

より具体的な例を挙げながら、人間社会と抽象化の関係を考察していきましょう。先にも述べたように、人間を動物と圧倒的に差別化している決定的な「ツール」が、「数」「言葉」「お金」です。これらの概念は基本的には動物には扱えないものであると同時に、ほとんどの人間に不可欠なものであり、人間社会の基礎ともなっています。

初期の人類と動物を分かつものとして、石器や火などの道具が挙げられることがあります。しかし、このような「目に見える」道具よりも圧倒的に強力であったのは、数や言葉という「目に見えない」道具でした。

のちに道具の進化は科学により飛躍的に加速しますが、その科学を成り立たせるものが数学であり文字であったわけで、そのこと一つとっても、数や言葉の破壊的な威力がわかるはずです。この数や言葉を生み出すための共通の能力が抽象であり、そこで必要とされるのが抽象化能力であるといえるでしょう。

抽象化の産物としての「数」

数や言葉において表面上に見えている「1、2、3、…」や「あいうえお」などは、あくまで表現方法であり、それらが本来有している価値は、その背景にある概念のほうです。たとえば「3」という数字で表現できるのは、人間三人、猫三匹、椅子三脚、紙三枚、箸三膳……というかたちで一つの側面に着目しているからで、それらを数というかたちで抽象化して表現します。

この表現によって、「それぞれを三つずつ用意して」などの言語が使えるようになり、一つひとつの存在を個別具体的に挙げて説明するよりも、コミュニケーションを圧倒的に効率化できるようになったのです。

三という数字を単独で扱うときですら効率性は明白ですが、そこから何かを三倍する、三で割るなどの数字の操作に至っては、私たちの生活を劇的に単純化して効率化したことはいうまでもありません。

さらに、それは算数や数学というかたちで高度な概念操作の方法論として確立され、多くの科学技術の発展につながりました。

このように数という概念が人類の発展に貢献したことを鑑《かんが》みれば、これを道具の一つと捉えるのは過小評価にすぎるでしょう。

余談ですが、日本語は英語など他の言語と異なって、ものを数える際に「人」「匹」「脚」「枚」「膳」など、同じ「三」でもある意味でそれらを「異なるもの」であると捉えます。これをもって日本語は他の言語に比べても、具体と抽象の「中間階」をもっていると見なすことができるかもしれません。

抽象化の産物としての「言葉」

数に負けず劣らず、言葉もまた人類の発展の歴史に欠かせない重要性があることに疑いの余地はありません。

言葉のもつ威力でもっとも重要なものの一つが、のちに述べる「パッケージング技術」ですが、人間はこの言葉という抽象のツールをもつことによって、その活動の範囲を「空間的」にも「時間的」にも飛躍的に拡大してきたのです。

数人の家族というコミュニティから、数十人、数百人の村、数万人の都市、さらには数百万人以上の国家という単位にまで人間が集団を広げられたのは、ひとえに言語の存在が大きいといえます。多くの民族が同じ言語を話すことはそのアイデンティティの一つにな

図2-4 抽象化の産物としての「数」「言葉」「お金」

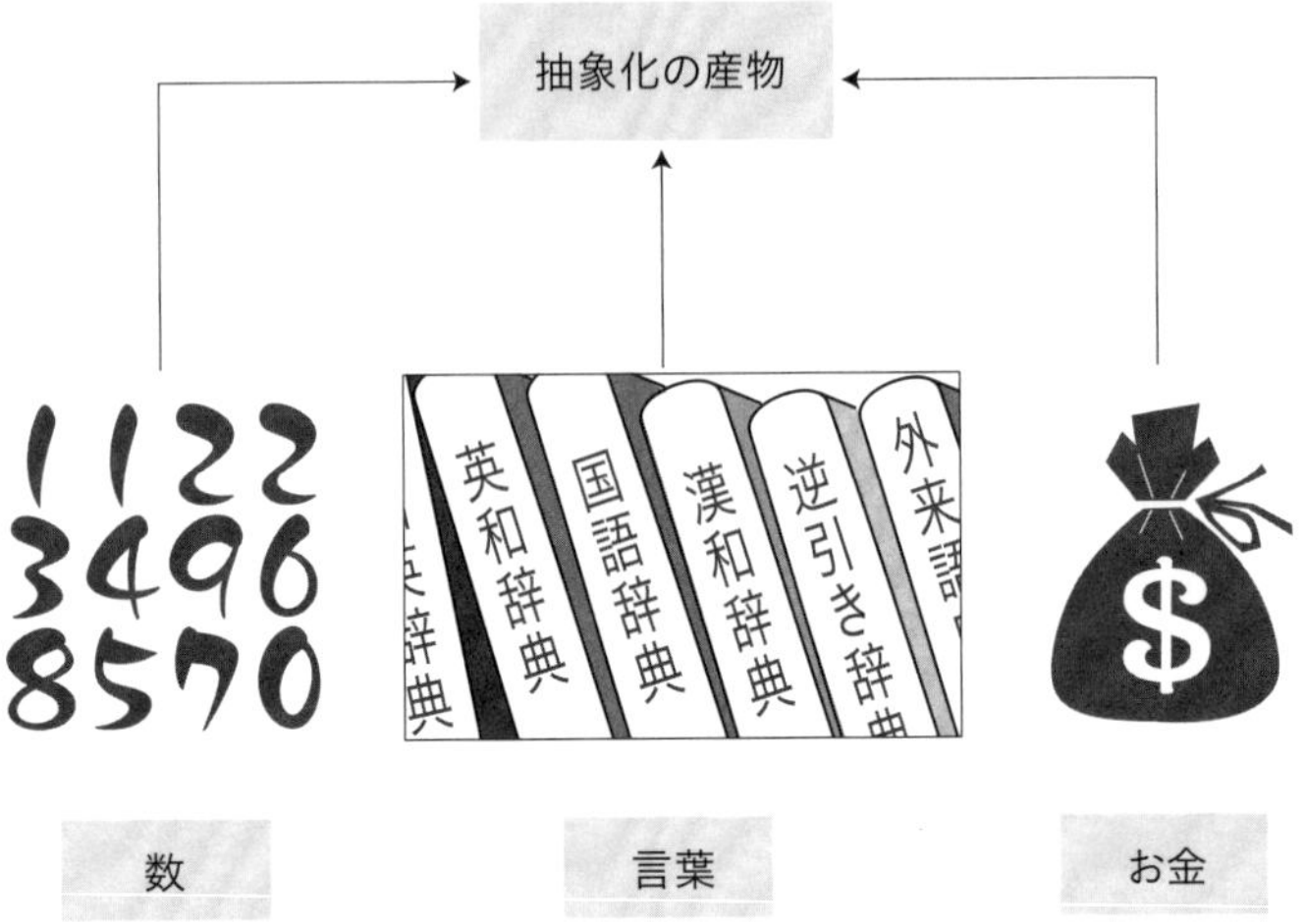

り、逆にいえば、ほとんどの国家には共通言語が不可欠になりました。これが「空間的」な飛躍です。

もう一つの「時間的」な飛躍とは、文化や慣習に関して世代間の伝達ができるようになる、ということです。これによって第1章で述べたストックというかたちでの知識が蓄積し、知見を積み重ねられるようになります。これが人間の知的能力が動物と別次元のものになっている根本的な要因として作用していることは、いうまでもありません。

「空間的」「時間的」に活動範囲が広がることのインパクトは、それ以前には基本的には「会ったこと」「見たこと」がある人たちのあいだでしか共有できなかった文化や慣習、あるいは「価値」という抽象的なものまでもが、「会ったこともない」人にも容易に伝達できるようになることにあります。「身振り手振り」だけでも文化や慣習を伝達することはできなくもありませんが、それはあくまでも限定的です。そこに言葉が加わり、さらにそれを記録する紙のようなものが生み出されることで、その範囲は文字どおり「桁違い」に広がったといえるでしょう。

抽象化の産物としての「お金」

現代社会が基盤としている資本主義の中心的存在といえるものがお金であり、お金は人間社会のインフラと呼んでも差し支えありません。

お金には、私たちの身の回りのものの価値を抽象化することで、商品として容易に交換可能にしたり、保存したり、尺度にしたりする機能があります。食べ物や日用品、さまざまなサービスまで、たとえばそれが「一〇〇〇円」と値づけされれば、それらはすべて同じ価値である、と判断できるのも、お金という概念が存在するからです。

お金は私たちの生活をとてつもなく便利なものにし、その結果として生活そのものが豊かなものになっているということに、疑問を差し挟む余地はないでしょう。

「考える」ことは「具体」と「抽象」の往復だ

私たち人間の生活の基本中の基本に存在する概念が抽象化であることを、具体例を挙げながら見てきました。そのうえで、ここからは「抽象」の本質により迫る議論を展開していきます。

「はじめに」にも記したとおり、この「具体と抽象」は人間の知的能力、とりわけ「考える」ことを語るためには必要不可欠です。じつは、この「考える」という行為は「具体」と「抽象」を往復することであり、その基本的プロセスは、図2－5のように表現できます。

まずは図2－5の前半の「抽象化」に焦点を当て、後半の「具体化」については、本章の最後に言及します。

数や言葉という抽象の例からわかるように、一つひとつがバラバラで異なっている具体に対し、抽象とはそれらを「まとめて同じ」と扱うことを意味しています。

もっとも基本的な具体と抽象の関係の例を挙げてみましょう。たとえば「動物」という言葉（＝抽象化）は、馬や犬、あるいは猫やうさぎや牛といったさまざまな具体的な動物を「まとめて同じ」と扱います。これによって、動物が共通にもっている性質をバラバラで

図2-5「考える」という行為は「具体」と「抽象」の往復

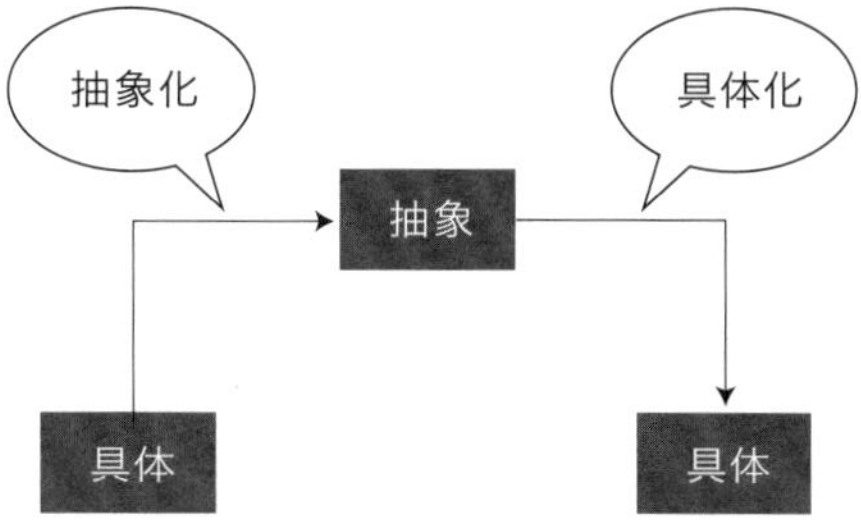

図2-6 抽象化とは「まとめて同じ」と扱うこと

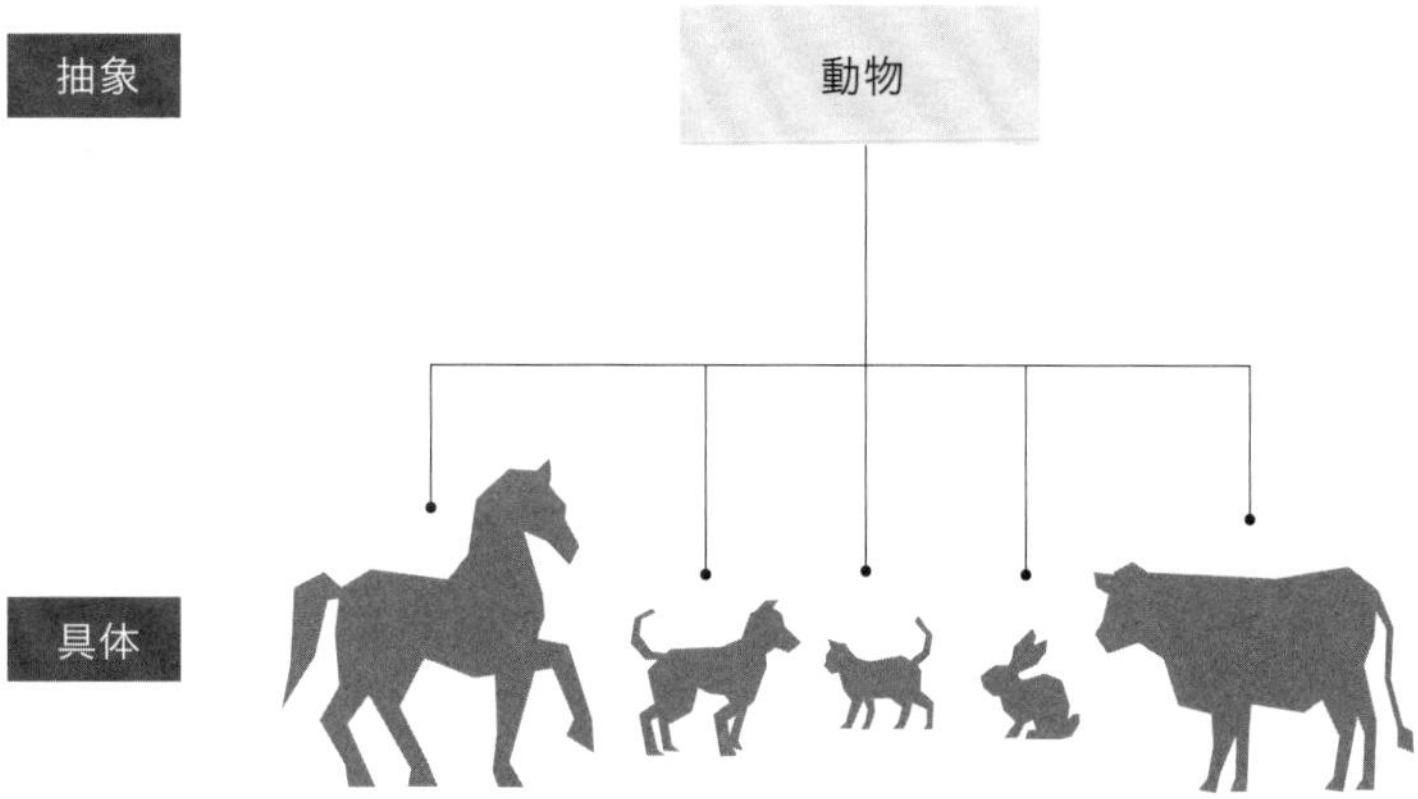

はなく普遍的に扱えるので、応用範囲が圧倒的に上がるということが、抽象概念を扱うことの破壊的な威力につながっていきます。

この「普遍性」という抽象化が、人類の活動の幅を「空間的」にも「時間的」にも飛躍的に広げたことは、すでに述べたとおりです。

さらには図2－6で示されているように、ここで具体と抽象の関係は「N対1」（複数の具体に一つの抽象が対応する）という関係になっていることにも、留意が必要です。

こうした抽象化の基本的な機能を踏まえたうえで、それをひと言でいえば「見えない線を引く」ことと表現できるでしょう。人間や動物の五感つまり視覚では「見えない線」が、人間の心のなかでは引かれているのです。

付け加えるなら、ここで「見えない線」と表現したものは、大きく二通りに分類できます。一つは「区別」、もう一つは「関連づけ」です。図2－7を見ていただければ、その意味するところを理解いただけるはずです。

要は、すべてがバラバラで個別に存在する具体に対し、それらのあいだを区別する、あるいは関連づけるということが、抽象の基本的要素の正体なのです。

さらにいえば、こうした「線引き」を応用すると、「区別」という「線引き」からは事象を

図2-7 抽象化の「区別」と「関連づけ」

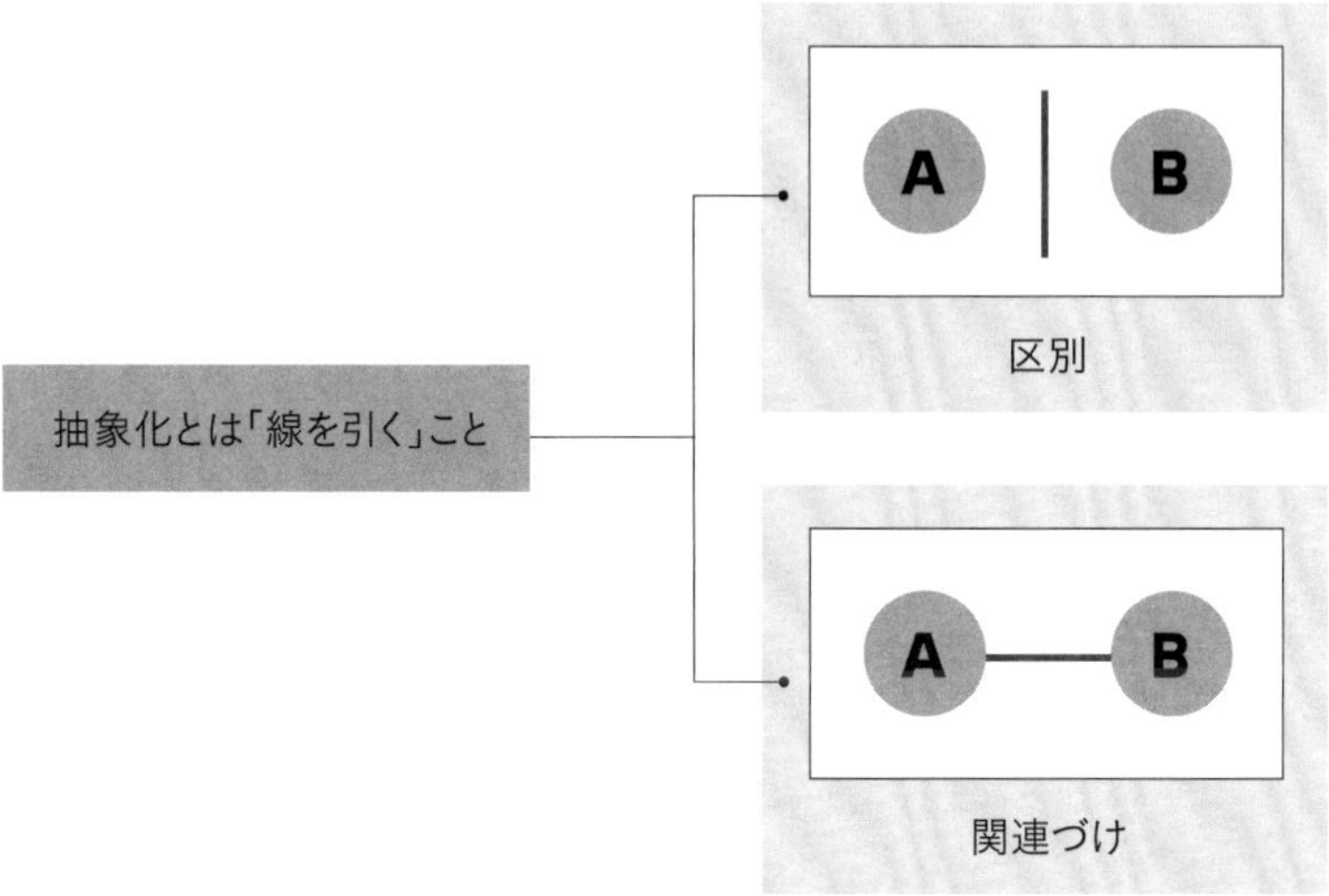

分類し、カテゴリー化することも可能になります(図2−8)。

まずは「〇〇である」ものと「〇〇でない」ものを区別し、その集合体としてのカテゴリーを形成してそれらを一つのまとまりとして認識し、それに名前をつけることで、一つの概念が形成されていきます。

先の例で示したような「動物」という概念も、まずは動物と動物でないものとのあいだに「線引き」をして、動物であるものを一つにまとめていく、というイメージで理解いただけるでしょう。

あるいは図2−9で示されているように、まず色という概念のなかを「線引き」してまとめたうえで、そのなかである色(たと

図2-8「線引き」からの「カテゴリー化」

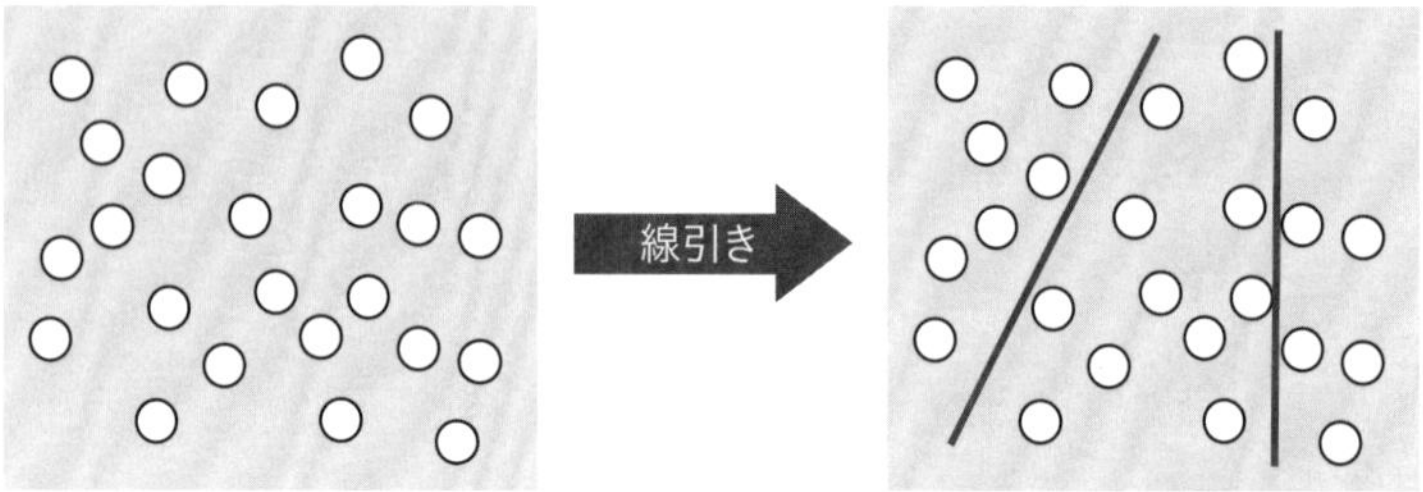

図2-9 カテゴライズされたまとまりに名前をつける

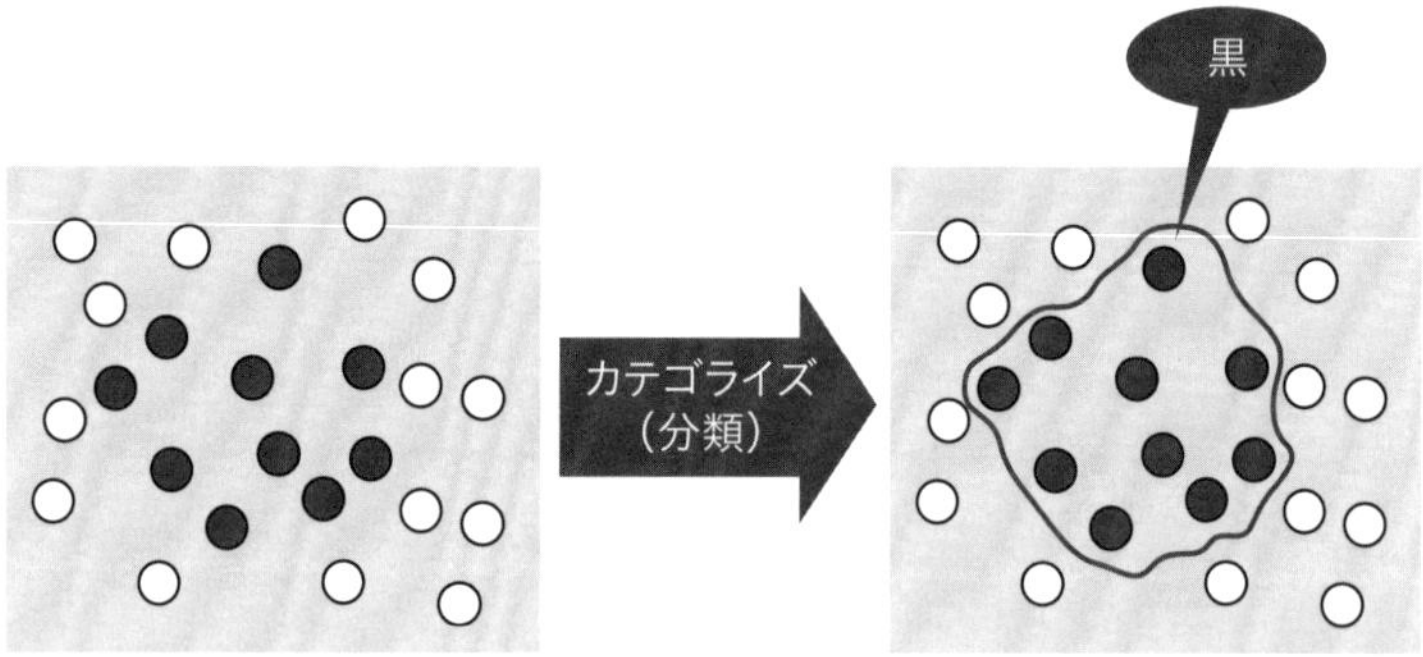

えば黒）というまとまりに名前をつける、というようなイメージです。

動物にしても黒にしても、人間が使うさまざまな言葉は、こうした抽象化の産物ということができます。要は、「見えない線を頭のなかで引く」ことによって具体的な事象をグルーピングして一つの概念として認識し、それを言葉というかたちで表現したりコミュニケーションのツールとして使ったりすることで、人間ならではの世界をつくり上げてきたのです。

逆にいえば、動物がたんなる鳴き声や叫び声以上の言語としての言葉を操ることができない理由の一つは、この抽象化の能力が人間ほどには発達していないということが挙げられます。

「線を引く」ことにはメリットも弊害もある

「線引き」は、私たち人間が集団生活を営むうえで欠かすことができません。「まとめて同じ」ものという「線引き」をすることで、さまざまなグループ活動や、それを司《つかさど》るルールの基礎が構築されています。

動物とは比べものにならない規模や複雑さで集団生活を営み、「会社」や「国家」など難解極まる組織を運営できるのも、この「ルールを決めてそれを集団の構成員で共有する」という抽象化あってこそといえます。

ルールとは、してよいことと悪いことのあいだに線を引き、それに対しての報償や懲罰を明確にすることで集団の規律を保つものです。そこでは必ず「〇〇以上はよいが〇〇未満はダメ」（年齢制限など）、あるいは逆に「××未満はよいが××以上はダメ」（速度制限や収入制限など）というかたちでの「線引き」が行なわれます。

こうした例をいくつか出すだけでも、「目に見えない線引き」が人間社会にとって不可欠なものと理解いただけるであろう一方で、その大きなメリットと裏腹に弊害があることも見落としてはなりません。

弊害の代表例が、第4章でも詳述する国境をはじめとする境界の「線引き」による問題です。

大半の紛争は、複数の集団による領土問題に由来していますが、これこそ「線引き」が生む問題の最たるものです。複数民族が同じ国家の「線引き」でくくられるために「歪《ゆが》み」が生じ、それが少数民族問題となって、さまざまな国家の火種になっていることが、多くの地域で観察される問題の根本です。

つまりルールとは、「ほんとうは白か黒かで綺麗に分けられないものを、強引な『線引き』によって白か黒かに分ける」ものですから、そこで「少数民族問題」が起こるのは必然なのです。

さらに例を挙げてみましょう。日本では二〇二二年四月、民法改正によって成年年齢が

図2-10「線引き」による弊害のメカニズム

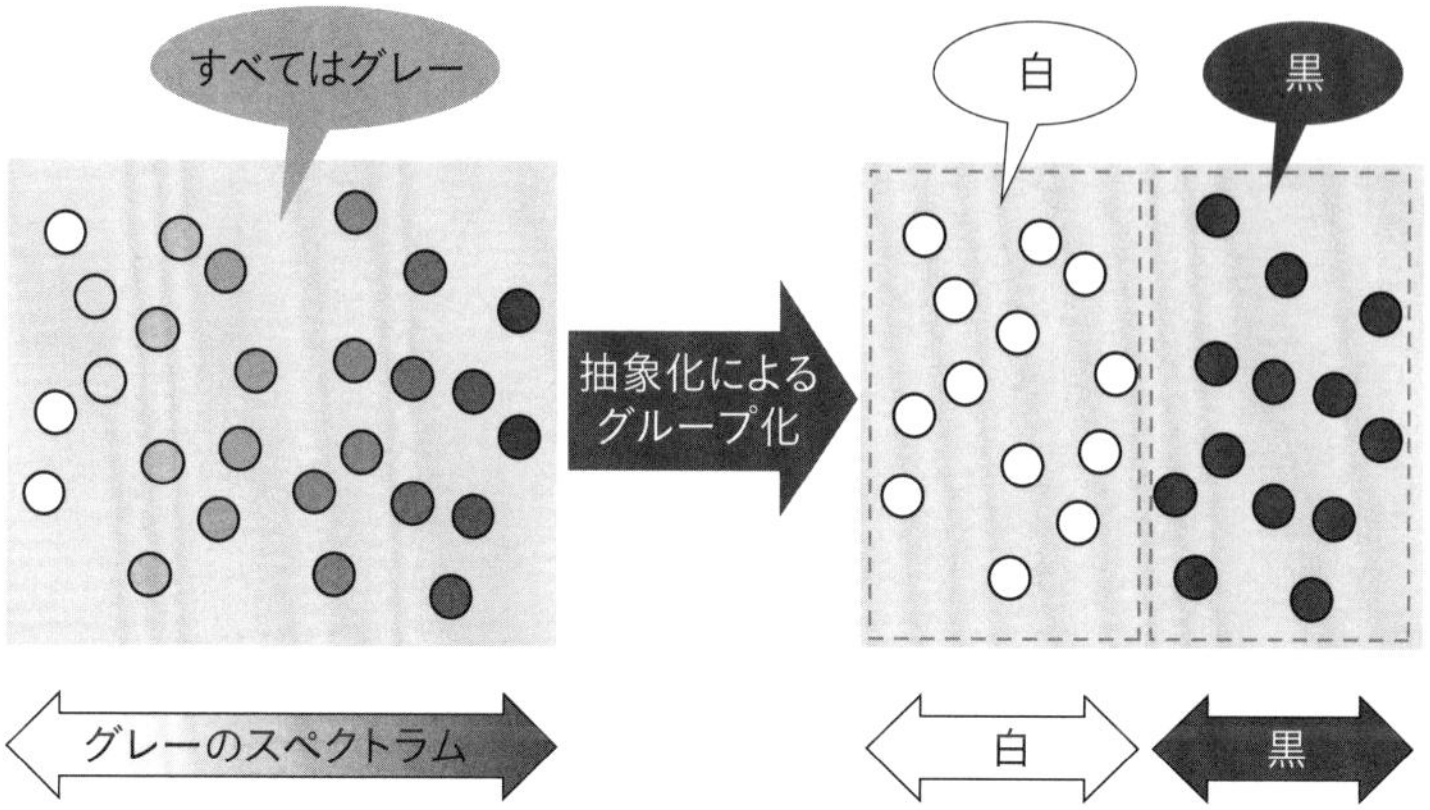

二十歳から十八歳へと引き下げられました。これは未成年に課せられたさまざまな制約が、「大人」と見なせるほど成熟した人間では撤廃可能であることを意味しています。

しかしこの「線引き」が何歳であろうが、実際にはそれ以上の年齢でも十分に成熟していない人もいれば、それ以下でも十分に成熟した人がいるはずです。

年齢以外でも、身長・体重制限、速度制限、収入制限、温度制限など、およそある数値をもって何らかの利用制限をする場面における「線引き」においては、ほぼすべての場面で同じようなケースに直面します(図2－10)。

つまり、抽象化という「線引き」はとんでもない大発明であったと同時に、「少数民族問題」を筆頭として人類を不幸に陥れるとんでもない疫病神でもあったわけです。

こうした「歪み」があることを十分に認識しつつ、その歪みが最小となるような線を引くことが「線引き」の原則です。それは、多数の人間から構成される社会を営むうえでの一種の「必要悪」ともいえるでしょう。

ただし、その「歪み」の程度は時間の経過とともに変化し、時に許容できないレベルにまで拡大します。そうしたときにその歪みを解消すべく、新たに線の引き直しが行なわれます（先の成年年齢の引き下げが典型例です）。

この「歪み」という考え方が、のちの議論においてはキーポイントになってきますので、覚えておいてください。

「関連づけ」の代表としての「因果関係」

「区別」に加えて先に述べたように、抽象化がもたらすもう一つの「線引き」として、「関連づけ」があります。

「関連づけ」の代表は「因果関係」です。人間は、見えないもののあいだに因果関係を見出すことができます。その結果として、さまざまな科学が発展し、多くの技術が生み出されることによって、私たちの社会は動物とは様相の異なるものになりました。

科学的な事象のみならず、複数の人間から構成される集団における「人間関係」なども、広い意味での「関係」であるといえます。この「関係」には「仲がよい、あるいは悪い」など定義が曖昧なものもあれば、ルールや規則などによって定義された「親戚関係」「上司—部下関係」などもあります。

集団生活を営むうえで、こうした人間同士の関係性が不可欠であることは論を俟《ま》たないでしょう。

さらにいえば、そうした「関係」が基本的には一対一のものであるとしたとき、一方で複数対複数の関係が絡み合ったものが「構造」になります（本書では「関係」と「構造」をそのような位置づけであると定義します）。

人間社会（のみならず自然界の事象にも当てはまります）には、こうした構造がさまざまなかたちで成立しています。大人数からなる組織や集団において、複数の階層やサブの集団が存在し、それらの関係が複雑極まる構造を構成していることは、会社という組織一つを思い浮かべていただくだけで、おわかりになるかと思います。

都合のよい切り取りが生む「認知バイアス」

さて、「ほんとうは白か黒かで綺麗に分けられないものを、強引な『線引き』によって白か黒かに分ける」という言い方が典型ですが、抽象化による「線を引く」という行為は、複雑極まりないありのままの具体を、ばっさりと単純化して表現することだともいえます。

たとえば、リンゴ、牛肉、ヨーグルト、ピーナッツ、ニンジン、わかめなどの具体を総称して「食べ物」といいますが、これら一つひとつはある意味で「似ても似つかぬもの」です。そこで「食べ物」という抽象化の産物である言葉は、これらを「まとめて同じ」と見なすという、極めて「乱暴」な単純化を行なっています。

つまり、物体の色やかたち、構造や硬さといった物理的な特徴をすべて切り捨てて、「人間が食べるものかどうか」という一点の特徴のみを抜き出し、「まとめて同じ」と見なすと判断しているわけです。

もちろん、この単純化によるメリットは計り知れません。たとえば、何気なくスーパーマーケットやデパートなどで用いられる「食べ物売り場」という言葉も、「食べ物」という言葉が使えるから成立しているわけで、この言葉がなければ、売り場を表現するのに最悪の場合、すべての具体例を売り物の数だけ挙げねばならず、そもそも「○○売り場」という表現が成り立たなくなるでしょう。

つまり、この単純化がなければ、いま私たちが使っている商品の展示そのものがほぼ成立しなくなるのです。

その一方、「乱暴」という表現を使ったことからもおわかりのように、先の弊害と同様、そこには多くのデメリットや障害も存在します。心理学でいう「認知バイアス」、つまり偏見がその代表です。人間が周囲の環境を「ありのまま」に見ているのではなく都合のよいように切り取って単純化して扱うことが、多くの障害、とくに人間同士のコミュニケーション上のトラブルを生み出しているのです。

言い方を変えれば、同じものを見ているようでじつはまったく違う解釈をしていることが、さまざまな問題につながっている、とも表現できるでしょう。

私たちは知らずしらずのうちにフィルターのついた「色眼鏡」で物事を見ているにもかかわらず、そのことに気づいていない（周りの人も自分と同じ景色が見えていると勘違いしている）ことが、その根本には存在しています。

誰かの発言を捉えて「あの人は○○の出身だから」「××の仕事をしている人だから」な

ど短絡的に決めつけるものの言い方を「レッテルを貼る」といいますが、これも複数の人を「まとめて同じ」と扱うという点で、抽象化の典型例といえます。

「事実は一つだ」という言葉はほんとうか

「事実は一つだ」という言葉をよく聞きます。私たちの生活のなかでも「いった、いわない問題」がよく起こります。さまざまな人間同士の争いごとにおいても、その関係者のあいだで言い分がまったく異なっているのは日常茶飯事です。

たとえば、Aさんが特定の日の特定の時刻に「私は東京にいた」といい、そこでBさんが同日同時刻、「Aさんを大阪で見た」といった場合、Aさんが東京にいたという事実と大阪にいたという事実が同時に成り立つことはありませんので、「事実は一つだ」という理由で、AさんかBさん、どちらかの言い分が間違っていることになります。

ただし現実には、こうしたわかりやすい「事実の矛盾」によって白黒がつくというケースよりも、起こったことに対して個人が何らかの解釈を加えて表現するために、「事実が複数存在する」ように見えることもあります。

図2-11「抽象から見た具体」と「具体から見た抽象」

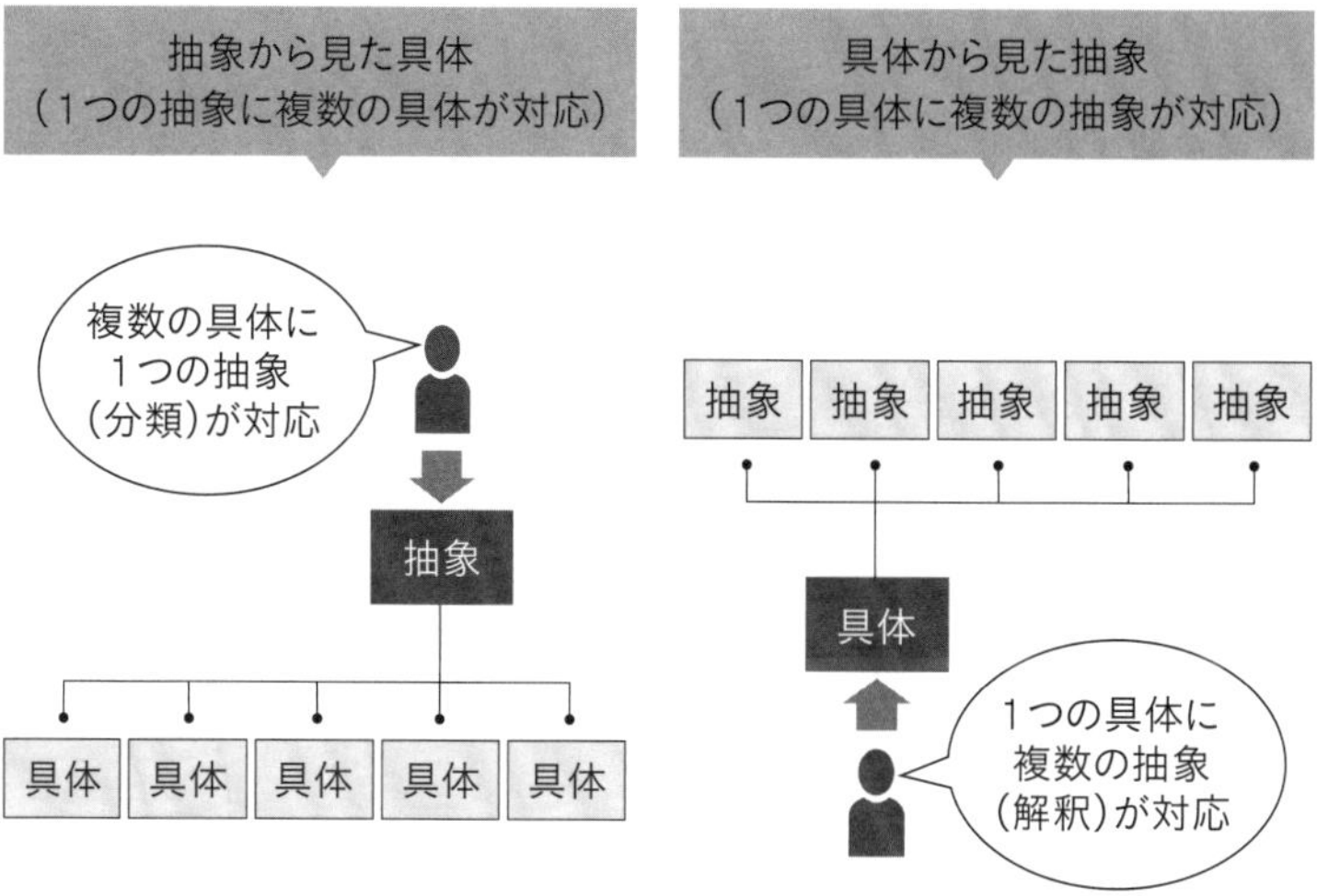

贈収賄事件を例にとれば、「金銭の授受がどのような意図で行なわれたか」が問題とされますが、物理的な金銭のやり取りの事実は一つとしても、「それがいかなる名目で行なわれたか」は個人の解釈によって異なることが少なくありません。

ほとんどの事実は多かれ少なかれ、何らかの解釈とセットになっているため、「『事実』も解釈と同様に人の数だけ存在する」という見方もできるのです。

ここにも「具体と抽象」の関係が隠れています。ばっさりと表現すれば、ここでいう「事実」が具体、「解釈」が抽象という関係です。

先に「一つひとつがバラバラで異なって

図2-12 1つの具体に複数の抽象が対応

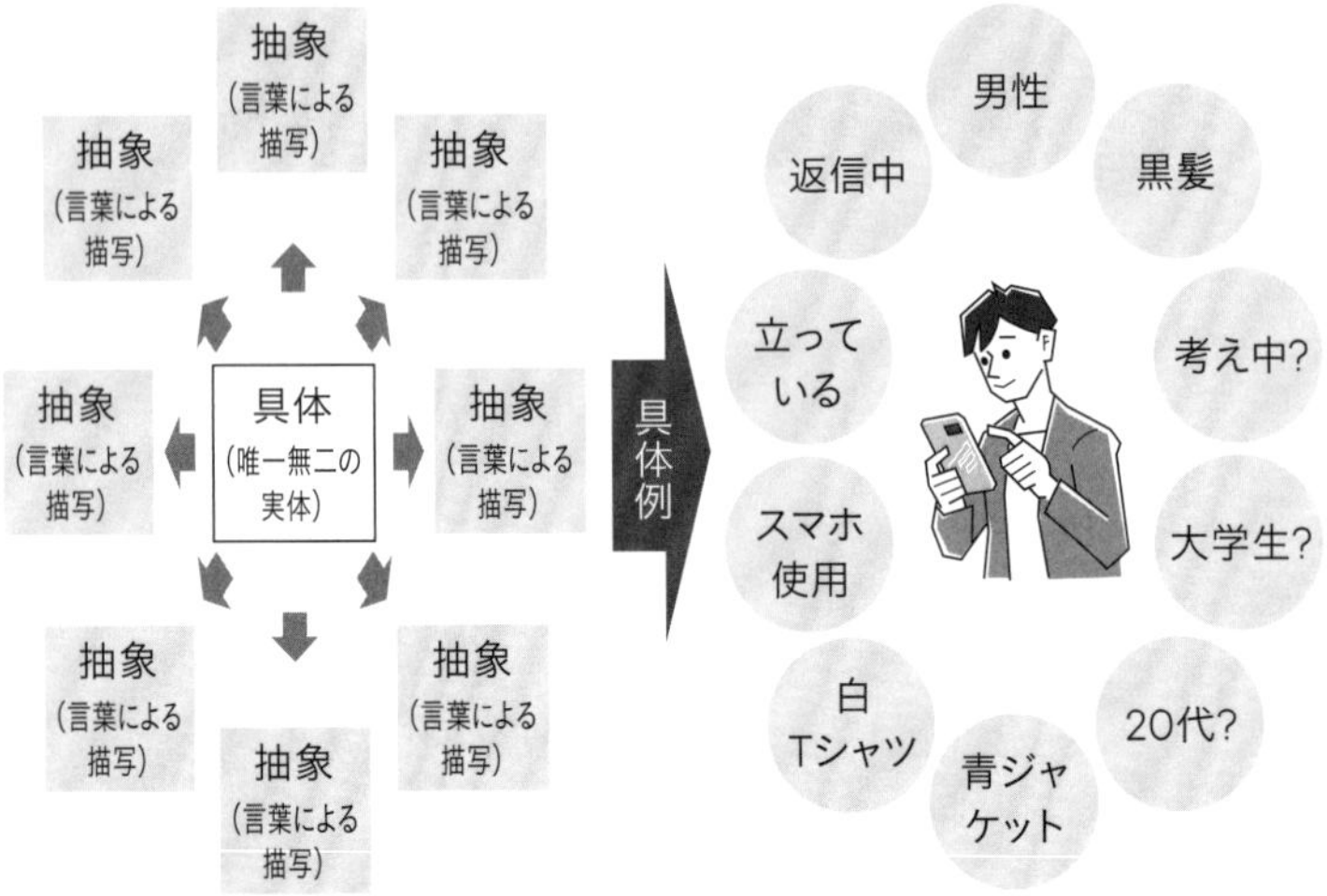

いる具体に対し、抽象とはそれらを『まとめて同じ』と扱う」ものだと述べましたが、このケースの「具体と抽象」との関係は、一見するとそれとは逆に思える「一つの具体に対して複数の抽象が対応する」というものです。

図2－11の左側は「抽象の側から具体を見る」という視点であり、右側は右記で述べた「具体の側から抽象を見る」という視点です。先に抽象化の例として「言葉」を挙げました。言葉が「事実を切り取ることで単純化する」という抽象化の産物である以上、言葉で表現するという行為も、その特徴から逃れることはできません。

つまり、何かを言葉で表現した途端、そ

れはオリジナルの具体から何かを切り取ることでその他を切り捨てることになるとともに、どのように何を切り捨てるかはそのときの目的によって異なるため、一つの具体に複数の抽象が対応することになるのです（図2－12）。

そこで、すべての事実は言葉にした瞬間に抽象化された（都合のよい）切り取りになります。これこそが、「事実は一つでない」ことの説明なのです。逆にいえば、事実とは言葉で表現されていない「ありのまま」の状態ということです。

このように突き詰めて考えていくと、究極の具体とは、他のあらゆるものと異なるオンリーワンの存在である、ということがわかります。一方で究極の抽象とは、すべてのものを同じであると捉える、という状態です。

この点について次の第3章では、「フローとしての具体（ありのままの具体）」と「ストックとしての具体（解釈の入った具体）」という違いに関連づけながら言及していくことになります。

「パッケージング技術」としての抽象化

ここまで「具体と抽象」とは何か、あるいはそれらの転換作業としての抽象化について解説してきました。

ここからはこの「具体と抽象」が、第1章で述べた「フローとストック」とどのような関係になっているのか、ということについて、そのヒントとなるような議論を展開していきます。

それを考えるにあたってまず、いま一度「空間的」と「時間的」という観点を用いて、「具体」がどのように表現できるのか、ということを考えてみましょう。

図2－13において、縦方向は抽象の度合い＝抽象度の高さを表しており、横方向の二つの軸が「空間軸」と「時間軸」を表しています。この図で「具体」に該当するものが、真ん中に位置する四角です。この四角は、イマ＝この瞬間、ココ＝この場所、コレ＝このモノ、という、たった一点でのみ存在しえます。

第1章で、フローとは「流れ」を代表とするような「動き」や「変化」を表す、と述べました。そうしたフローはつねに変化をし続けますが、そこで具体とはまさに「イマ・ココ・コレ」という一点のみに存在するフローの主体となるもの、ということができます。

そのうえで、じつは人間はこの一点のみに存在する「具体」を、先に「言語」を説明する際に触れた抽象概念でもある「パッケージング技術」によって、空間的にも時間的にも飛躍させる、つまり空間を超え、時間を超えさせることができるのです。

図2-13 具体は「イマ・ココ・コレ」のみに存在

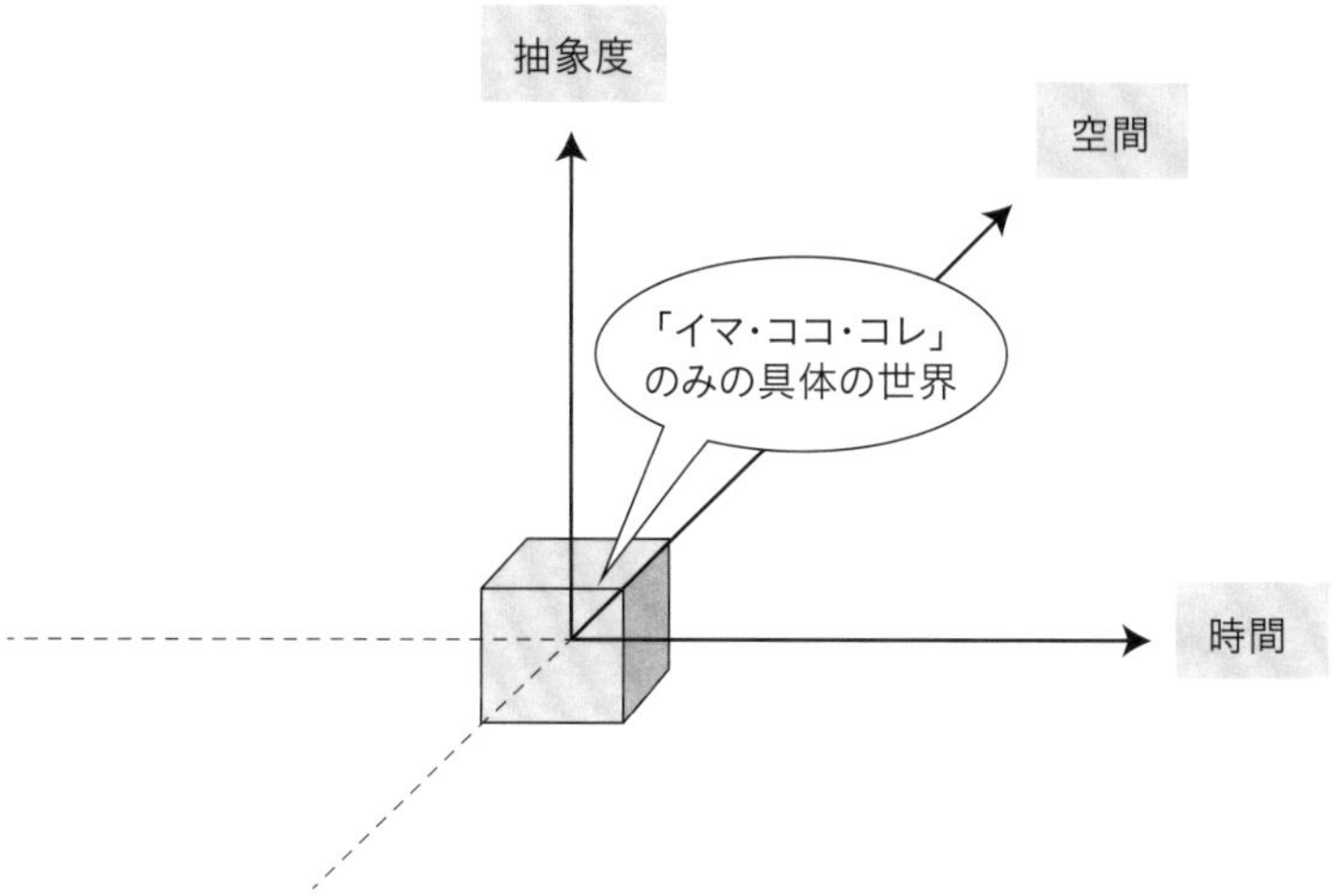

はじめに「時間を超える」という意味について説明してみます。

「イマ」という一点の状態において存在する「具体」は、そのままでは「時間軸」を超えて「保存」することができません。

具体はある瞬間ごとにすべて異なるので、たとえば「いまの○○」と「明日の○○」あるいは「昨日の○○」（○○には森羅万象すべてが該当します）が異なるということは、ここまで読み進めていただいた方はおわかりになると思います。

「今日の地球」は「明日の地球」とも「昨日の地球」とも異なるものですが、ここに「地球」という抽象概念を持ち込むことによって、じつは異なっている存在であるにもか

図2-14 抽象化で「時間を超える」

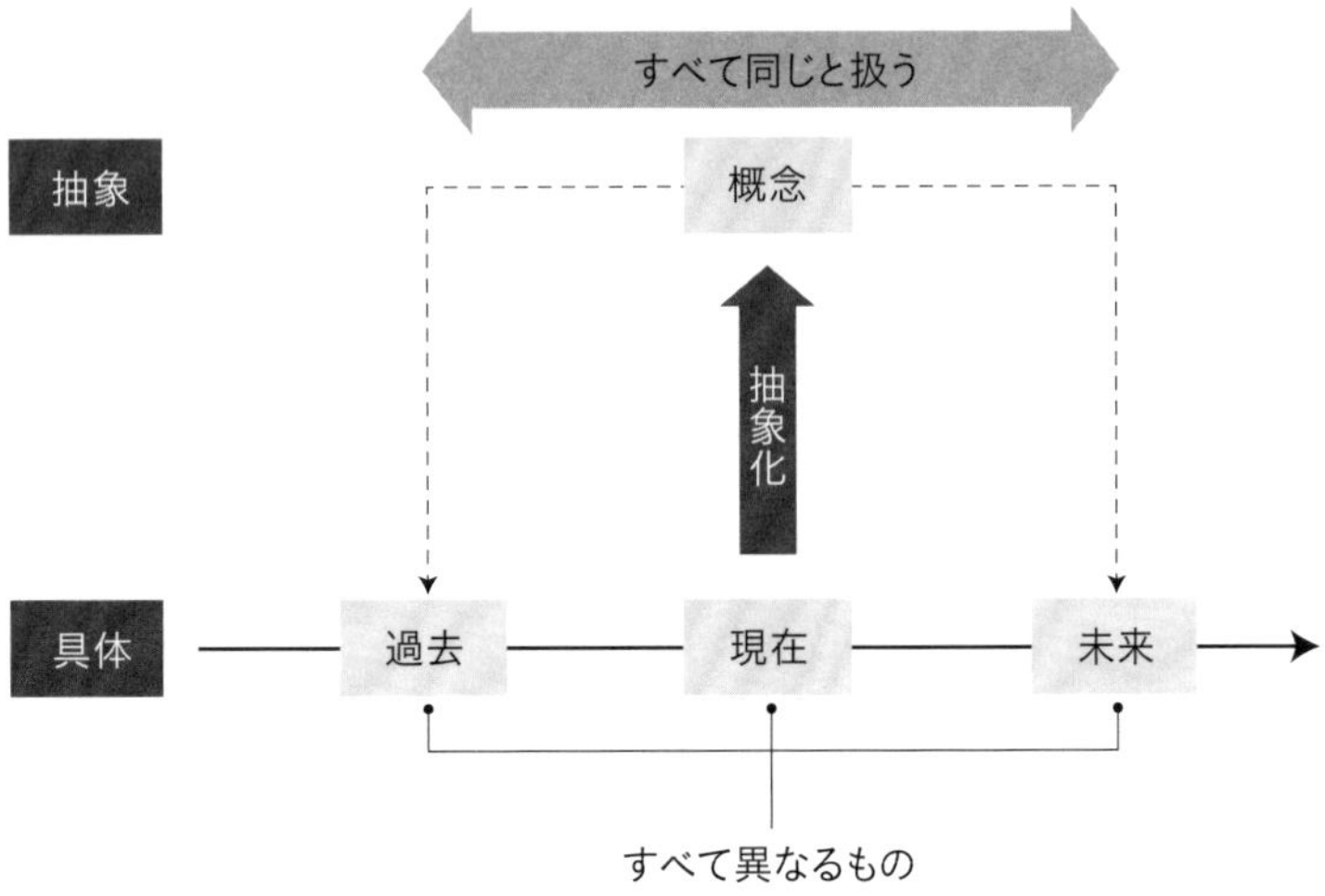

図2-15 抽象化で「空間を超える」

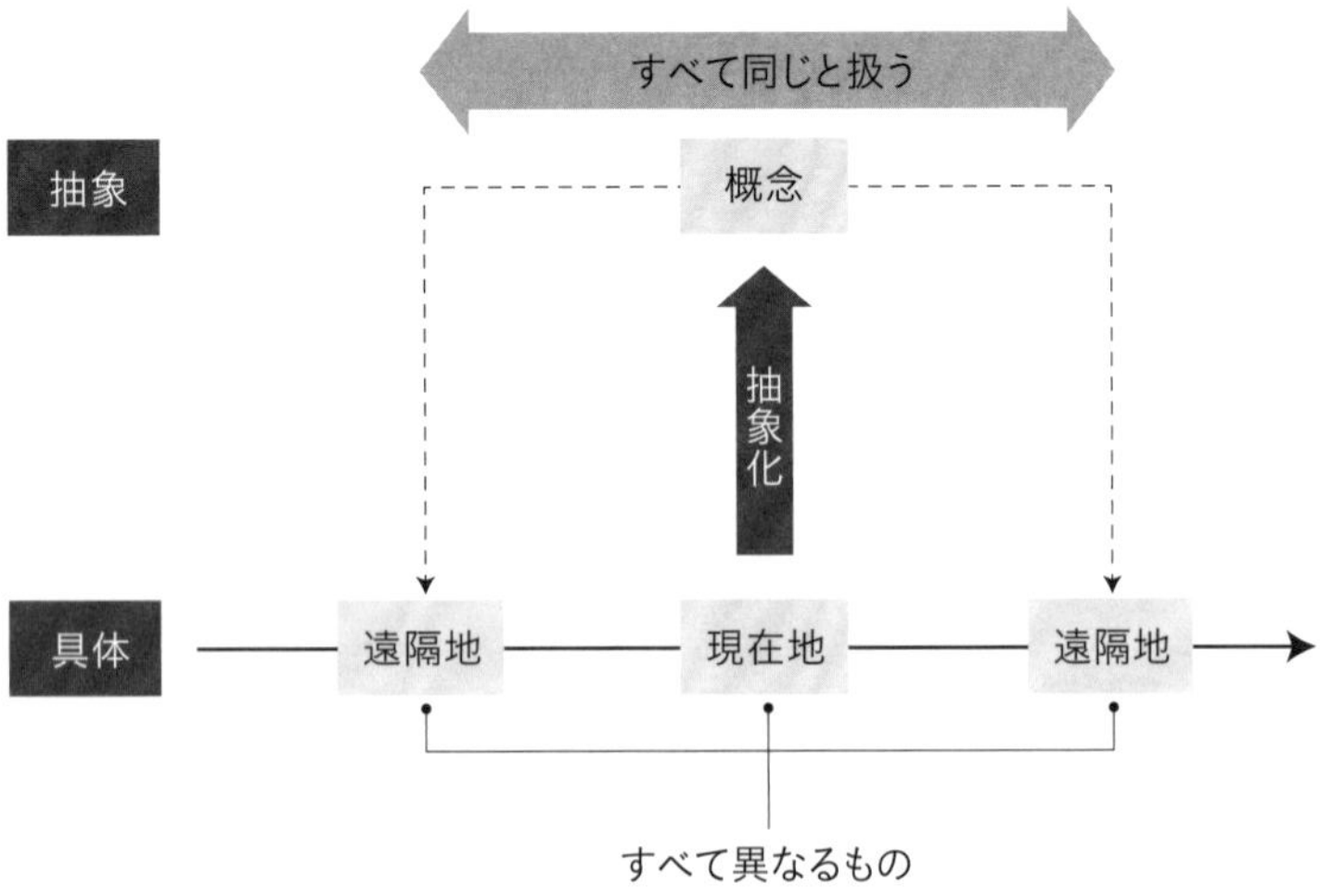

かわらず、「時間軸」を超えて「まとめて同じ」ものと見なし、「毎日踏みしめている大地」について多くのことが語れるようになるのです。

あるいは、「いま」家の冷蔵庫に入っている魚は、「昨日」水揚げされた状態とも、「明日」食卓に載っている状態とも異なりますが、そこに魚という抽象概念が与えられることによって、それらも同じものと見なすことができます。

「言葉」以外でも「数」という共通の抽象概念をもつことで、これも一見異なるような「昨日」のリンゴ三個と「明日」のリンゴ三個を同じように扱えるようになります。これが、抽象概念によって「時間軸」を超えられるという意味です。

続いて「空間を超える」ということについても、見ておきましょう。

会ったことのない隣村の人たちとコミュニケーションを成立させるためには、「時間軸」の話と同様、異なる場所に同時に存在するような「具体レベルで見たらまったく別物」を同じものと見なすことで、その概念を媒介にやり取りを行なう必要があります。

たとえば「米」を例にすれば、A町でも、B町でも、C町でも、どの町の人が食べる穀物も「米」であるということを前提として、そこではさまざまな会話や取引が成り立っているのです。

教科書が「役に立たない」と揶揄される理由

こうした「空間と時間を超えて個別具体の事象を共有することを可能にした」抽象概念の効用は、物理的な世界に譬えれば、物流（空間を超えた共有）や保存技術（時間を超えた共有）のようなものだといえるでしょう。この二つを組み合わせた「冷凍物流」をイメージしてもらえれば、抽象概念の威力がわかると思います。

捕れたての旬の魚（具体）は、基本的にはその場で消費することで最大の価値が得られますが、冷凍技術によって長期間鮮度を保つことができるようになり、なおかつそれを運ぶことで産地以外の遠隔地でも楽しめるようになります。

さらにこれを物理的な世界のみならず、より抽象化の進んだデジタルの世界に置いてみれば、時間的な共有（データ保存など）や空間的な共有（テレワークなど）が桁違いになることがわかるでしょう。これこそが、アナログの世界とデジタルの世界の抽象度の違いともいえます。

このように、抽象化は空間的・時間的に圧倒的に広い領域を人間にもたらしました。地球規模や宇宙規模の話を語ったり（空間軸）、数万年前から蓄積された知見を何百年先まで

図2-16 動物の具体世界と人間の抽象世界の差

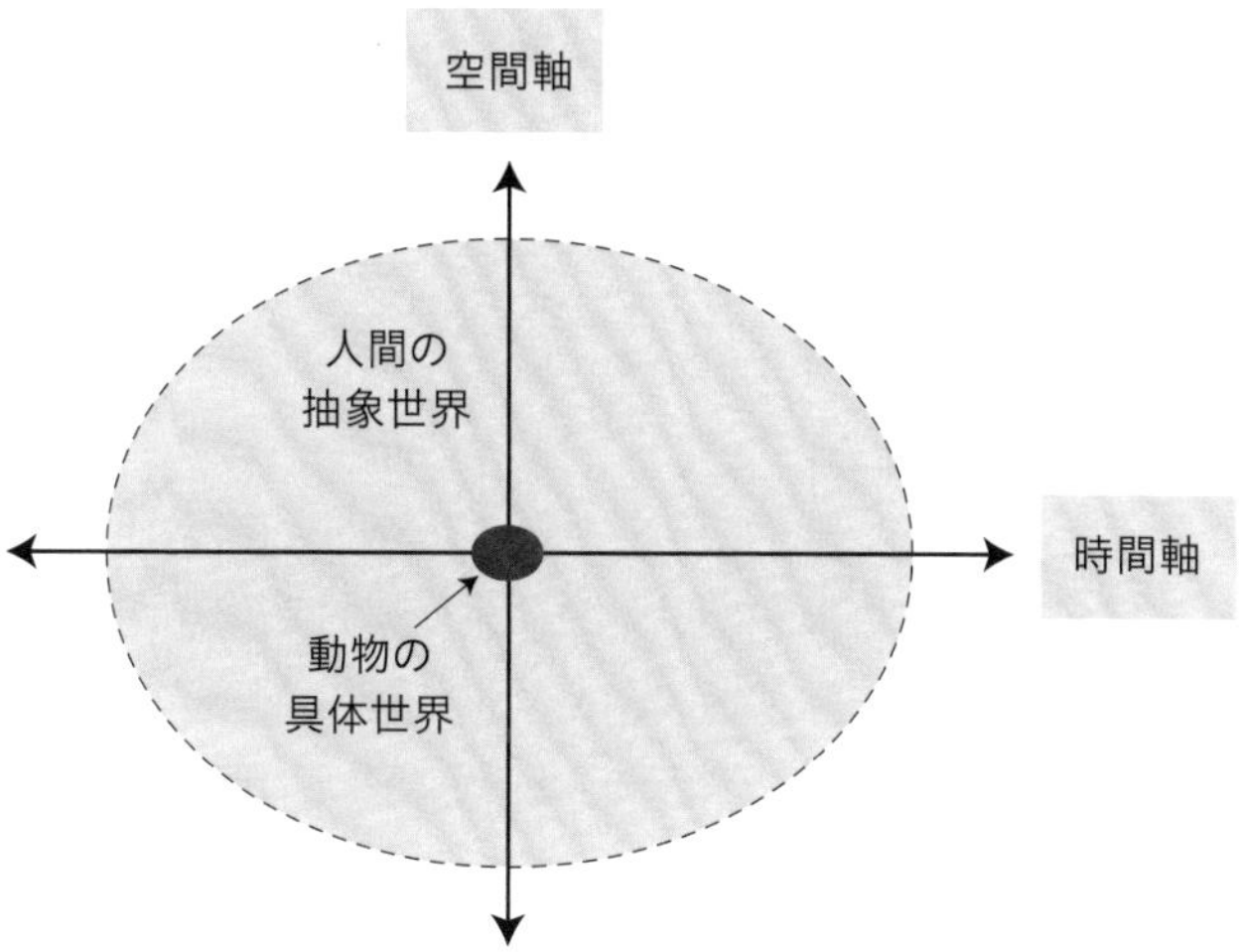

の予測に活かしたり（時間軸）できるようになったのは、ひとえに抽象化という「パッケージング技術」のおかげです。

図2－16をご覧いただければ、この「パッケージング技術」によって差別化された動物の具体世界と人間の抽象世界の差を理解いただけるかと思います。

この抽象化という「パッケージング技術」はいかに長期間鮮度を保ち、遠くまで具体を運べるかによってその価値が決まりますが、それにかかわってくるのが抽象度の高さです（図2－17）。

高い抽象度で個々の事象を捉えるほど、それが汎用的になって応用範囲が広がる、つまり遠く（空間的・時間的）との共有が可

図2-17 抽象度を上げるほど「遠く」に飛ばせる

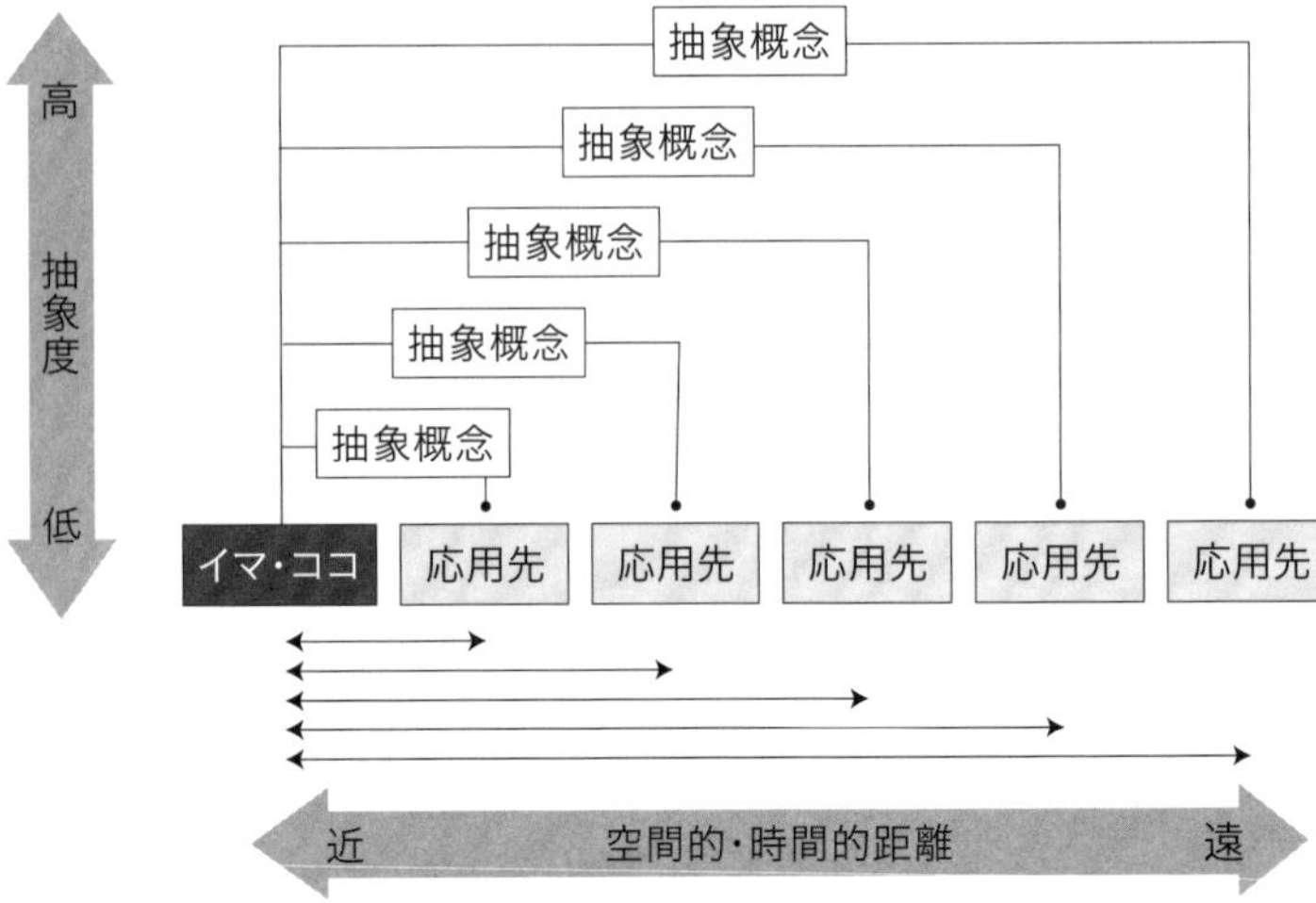

能になります。

　例として、学校で使う教科書について考えてみましょう。「教科書に書いてあること」は、基本的にはよくも悪くも「実践的で明日から役に立つ」ものではないことがほとんどです（それが「社会に出てもなんの役にも立たない」との揶揄《やゆ》につながります）。しかし、そう揶揄されるのはある意味では必然で、それは記述をある程度抽象的にすることによって、空間的・時間的な汎用性を確保するためなのです。

　たとえば、「〇〇川の下流で魚を釣るのは朝の六時前がいちばんよい」という教えは、「実践的で明日から使える」かもしれませんが、それは「現在、〇〇川の近くに住んでいる人」にしか通用しない言説です。「百年単位で読み継がれている著作物」と「一週間単位で消費される雑誌」を比較すれば、どちらがより抽象的で、どちらがより具体的であるべきかは、おのずと明らかになるでしょう。

さて、すでにもうお気づきのとおり、この「パッケージング技術」こそが、前章で述べた「ストック化」に関連しています。この抽象概念の威力が私たちの知的能力、言い換えれば知識を冷凍保存して空間的にも時間的にも拡大してきたわけですが、これについては次章以降の「CAFSマトリックス」の説明のなかで、より詳しく述べたいと思います。

「具体化」とはパッケージから中身を出すこと

ここでいま一度、一〇一ページの図2－5に戻りましょう。繰り返せば「具体と抽象」は人間の知的能力、とりわけ「考える」ことを語るためには必要不可欠であり、この「考える」という行為とは「具体」と「抽象」を往復することでした。

本章でこれまで概観してきたのはその前半部分である「具体→抽象」のプロセスですが、結びとして、後半部分の「抽象→具体」についても述べておきたいと思います。

図2-18 具体化のプロセス

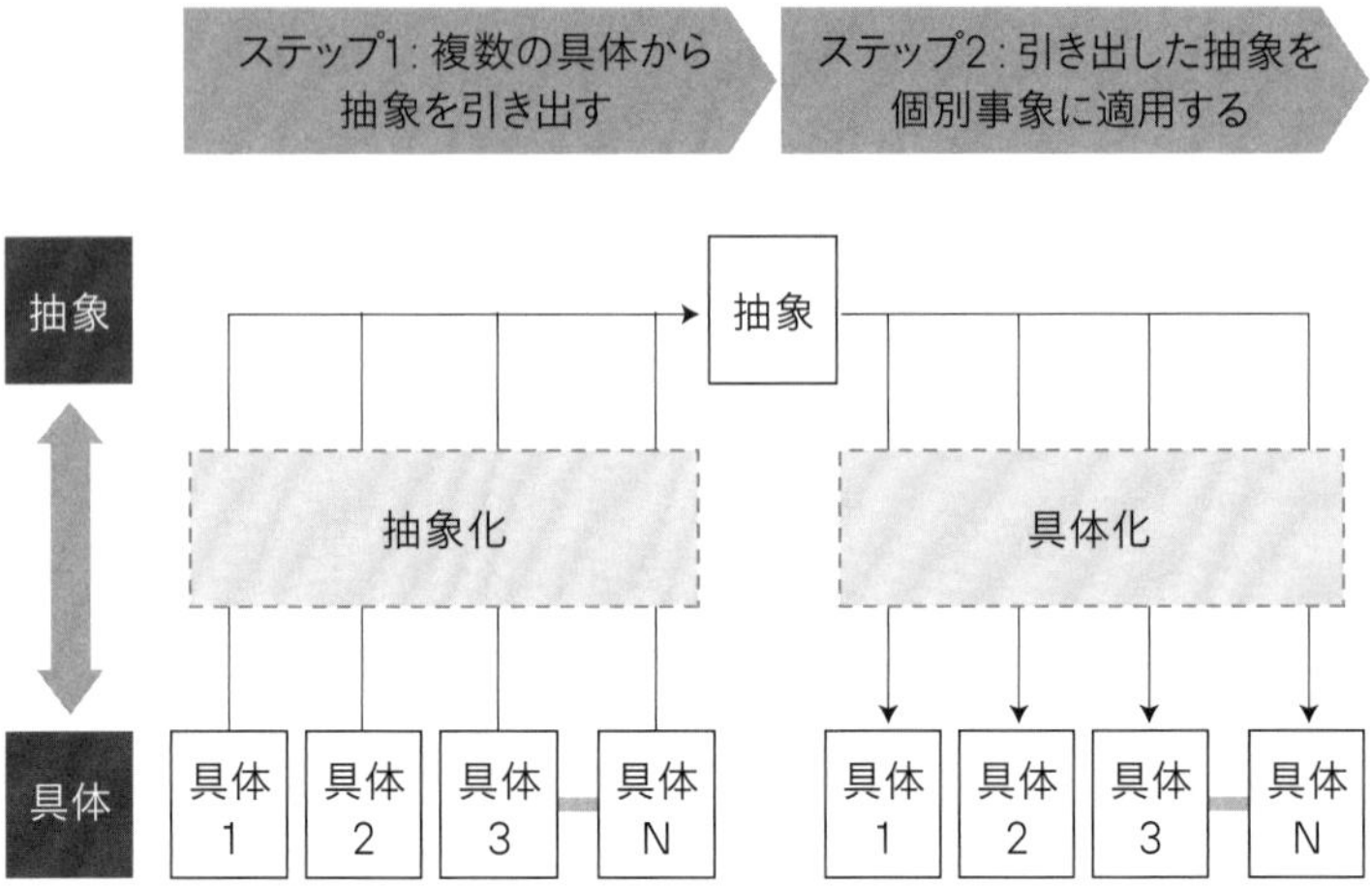

抽象化とは「パッケージング技術」であるとの説明を行ないました。引き続きその比喩を用いるならば、そのパッケージを解いて中身を取り出すこと、つまり複数の具体から法則やルール、あるいは一般性を抽出した抽象を、実際の用途に合わせて実践に移していくことが具体化である、といえます(図2－18)。

そこで定義としての抽象化が「複数の具体から一つの抽象を導き出すこと」だとすれば、具体化はその逆で、「一つの抽象から複数の具体を導き出すこと」と表現できます。

具体化とは実践ですから、すべてが唯一無二の現実になります。抽象がよくも悪くも一般的な汎用性をもつのに対し、具体とはすべてが特殊で応用が利かなくなる代わりに、ほかならぬ現実世界に足跡を残すことができます。

つまり、一人ひとりの個別状況に合わせて現実世界に理論を適用することで、抽象化された「遠く」にある知識やノウハウを広範囲で活用することができる、ということです。

先人の知恵の流用こそ「具体化」の真骨頂

言い方を変えれば、一般的な原則を一つひとつの事象に当てはめることで、いちいち個別に対応しなくてもそれまでの先人が築き上げた知恵を流用できるということが、具体化の真骨頂です。

そこでこそ、その前の抽象化によって確立された理論の意味合いが出てきます。一つの理論をもって一〇や一〇〇はおろか、一〇〇万、一億の具体にも当てはめが可能になるからです。

たとえば心理学上の理論や法則は、人間があまねく有している心理的な性質を一般化したものですから、「ほぼすべての人に概ね適用可能」であるという意味で、全世界の数十億の人々に当てはめられることになります。

図2-19「線引き」を個別事象に当てはめる

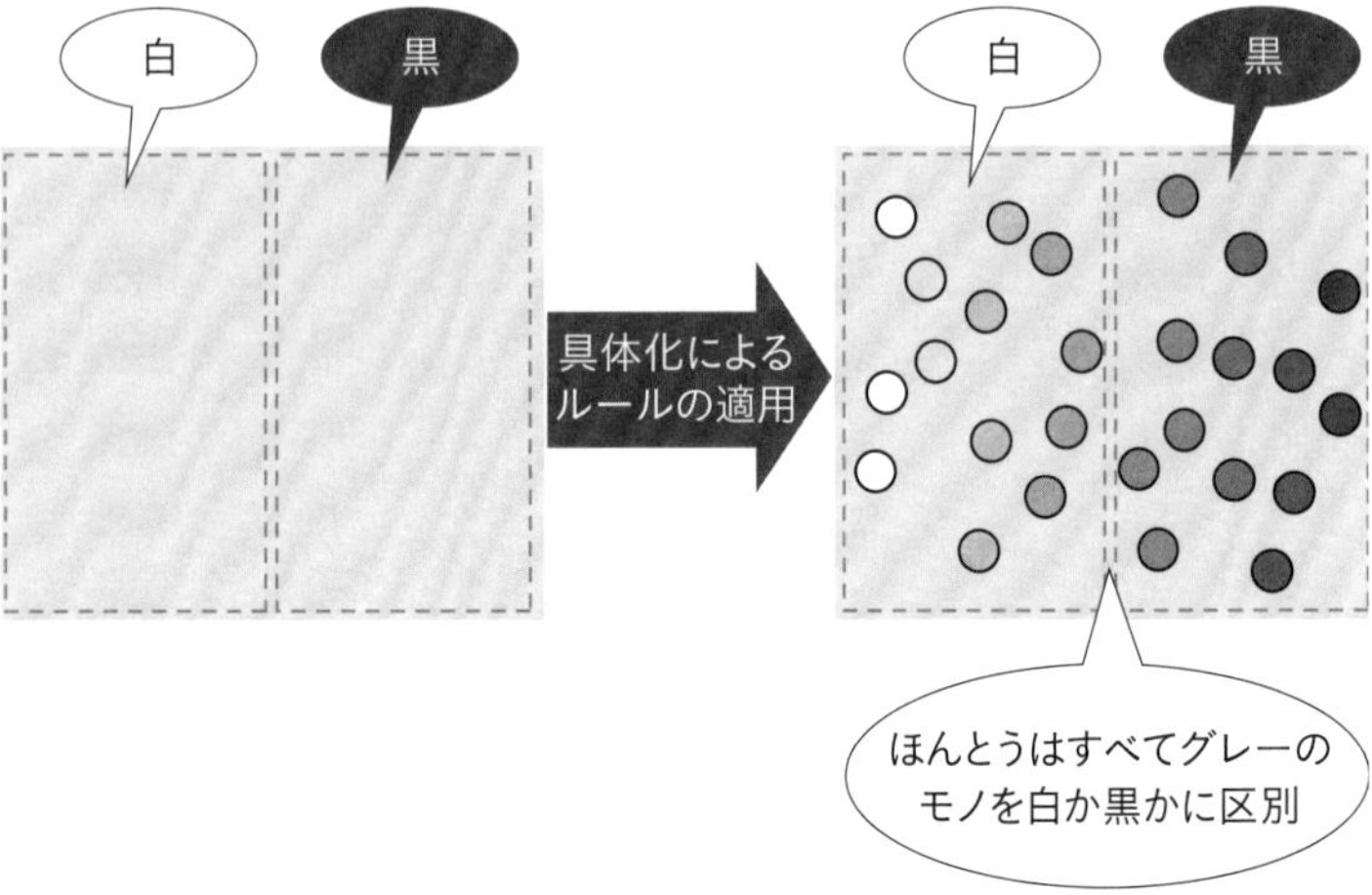

ルールや規則などについても、ほぼ同じことが当てはまります。そこでひとたびルールを集団の構成員のあいだで共有してしまえば、それを個別の事象に適用することで集団の運営や維持が可能になる、という人間の能力の源泉がここにあるのです。

この点こそが第3章で述べる「ストックとしての抽象」へとつながってくる論点なのですが、詳細は追って述べましょう。

さらにいえば、この具体化の段階では先の抽象化の際に行なわれた見えない「線引き」を、実際の目前の個別事象(現実)に当てはめるかたちで引き、その線を現実そのもの(具体)とセットで扱うことになります。こちらは「ストックとしての具体」へとつながってくる論点ですが、同じく詳細は第3章に譲ります。

図2－19を用いて確認しておけば、集団を維持管理するためにはその構成員が守るべき規範を明確に定義しておく必要があり、それはたとえば「これは正しいが、これは間違っている」といった「常識」であったり、「ここまでは遵法《じゅんぽう》だが、ここからは違法である」といったルールであったりするわけですが、こうした「線引き」（という抽象）を個別の具体事象に当てはめることで、「これはよいが、これは悪い」といった判断を行なうことが、抽象を具体へ当てはめるという行為なのです。

第 3 章

新しいフレームワーク「CAFSマトリックス」

「フローとストック」と「具体と抽象」の融合

第1章では「フローとストック」について、第2章では「具体と抽象」についての議論を行なってきました。

この第3章では「世の中の具体的な個別の事象を抽象度を上げて連続的に捉えることで、その変化のメカニズムからさまざまな事象を説明し、次に起きる出来事の予想を可能にする」という本書の主題であり目的に向かって、この「フローとストック」と「具体と抽象」を組み合わせ、融合させていきます。

その二つを接続した四象限のフレームワークが「CAFSマトリックス」です。縦軸のほうがCA（Concrete-Abstract：具体と抽象）、横軸のほうがFS（Flow-Stock：フローとストック）となります（図3－1）。

本格的な説明に入る前に、第2章までの議論とこの四象限をつなげておきましょう。具体的な事象を抽象化し、それを汎用的なものとして空間と時間を超えて活用できることが動物と決定的に異なる人間の知的能力である、という点をこの四象限に当てはめると、図3－2が描けます。

図3-1 CAFSマトリックス

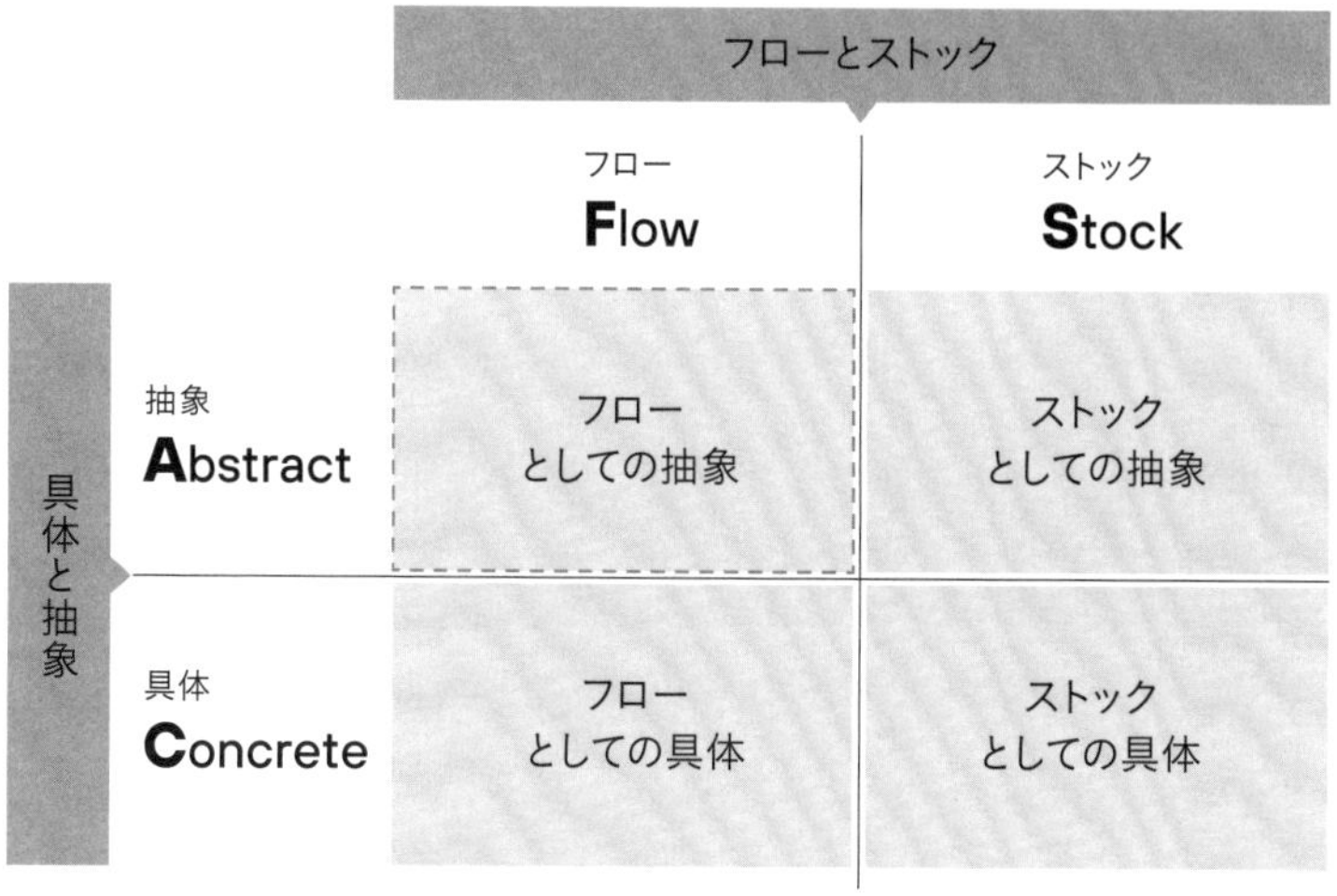

図3-2 動物と人間との違い

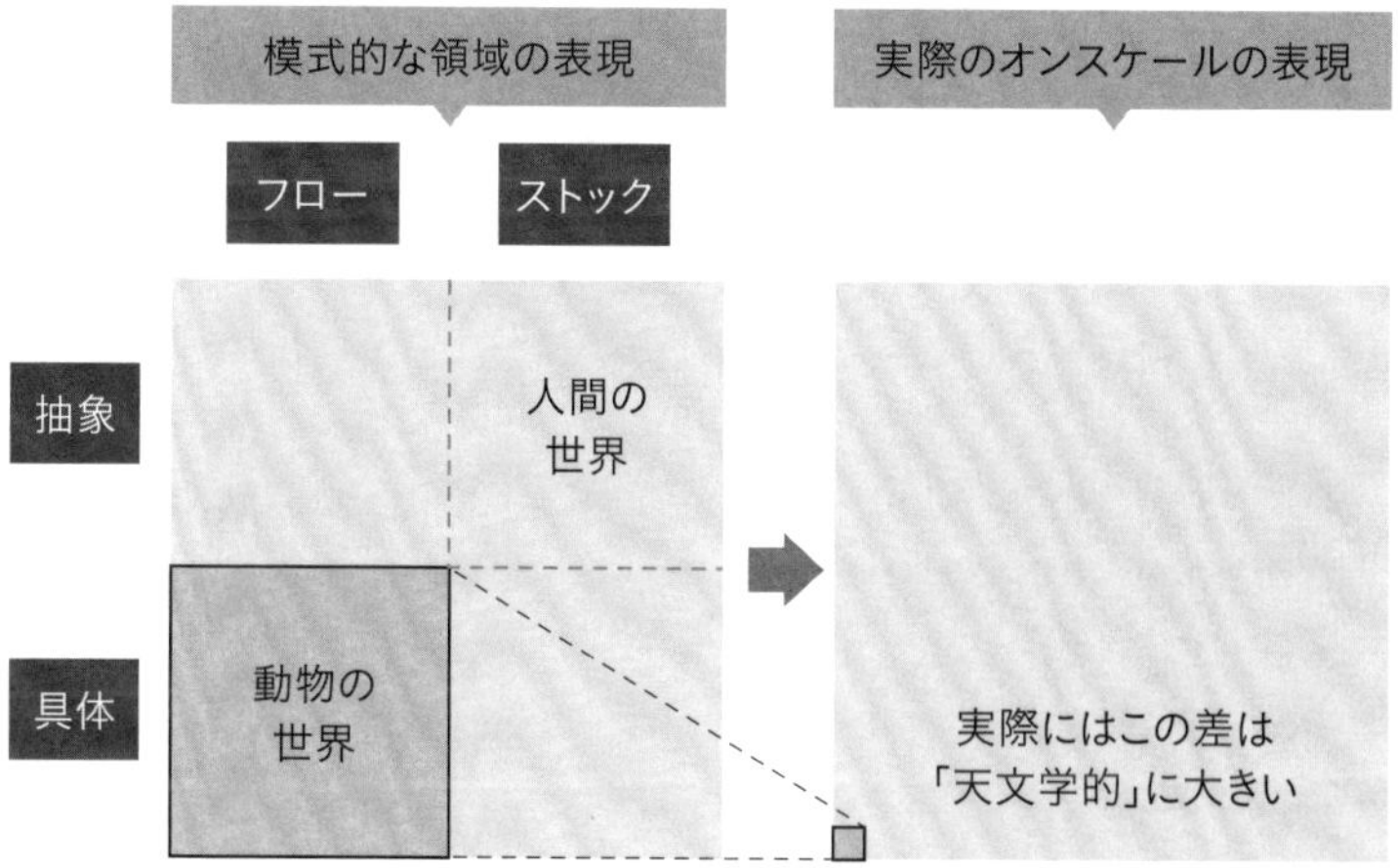

「フローとストック」「具体と抽象」という視点をもつことで、動物とは決定的に異なる人間ならではの世の中の仕組みを見ていこう、ということです。

ちなみに、こちらも先に一部言及しましたが、このマトリックスの四象限の大きさは均等ではありません。動物と人間の差は、図3－2の右側にオンスケール（実際の大きさを反映するかたち）で示したように、「天文学的」に大きいはずです。

動物と人間の扱える集団の成員の数や、扱える時間的スパンの長さ（たとえば、どのくらいの長さで歴史を語れるか）などを考えれば、それは理解できることでしょう。

それではまず、このマトリックスの各象限を個別に「静的に」説明していきます。

横軸と縦軸の視点でマトリックスを見ると

まず、横軸の左右が「フローとストック」です。本書における定義やそれらの違いについては、第1章で解説してきました。このマトリックスでは、その関係を人間社会全般の活動の場というかたちで当てはめています。

パソコンでいうところのメモリと記憶装置（HDDやSSDのようなもの）の関係が、ここ

図3-3「フローとストック」の関係（横軸）

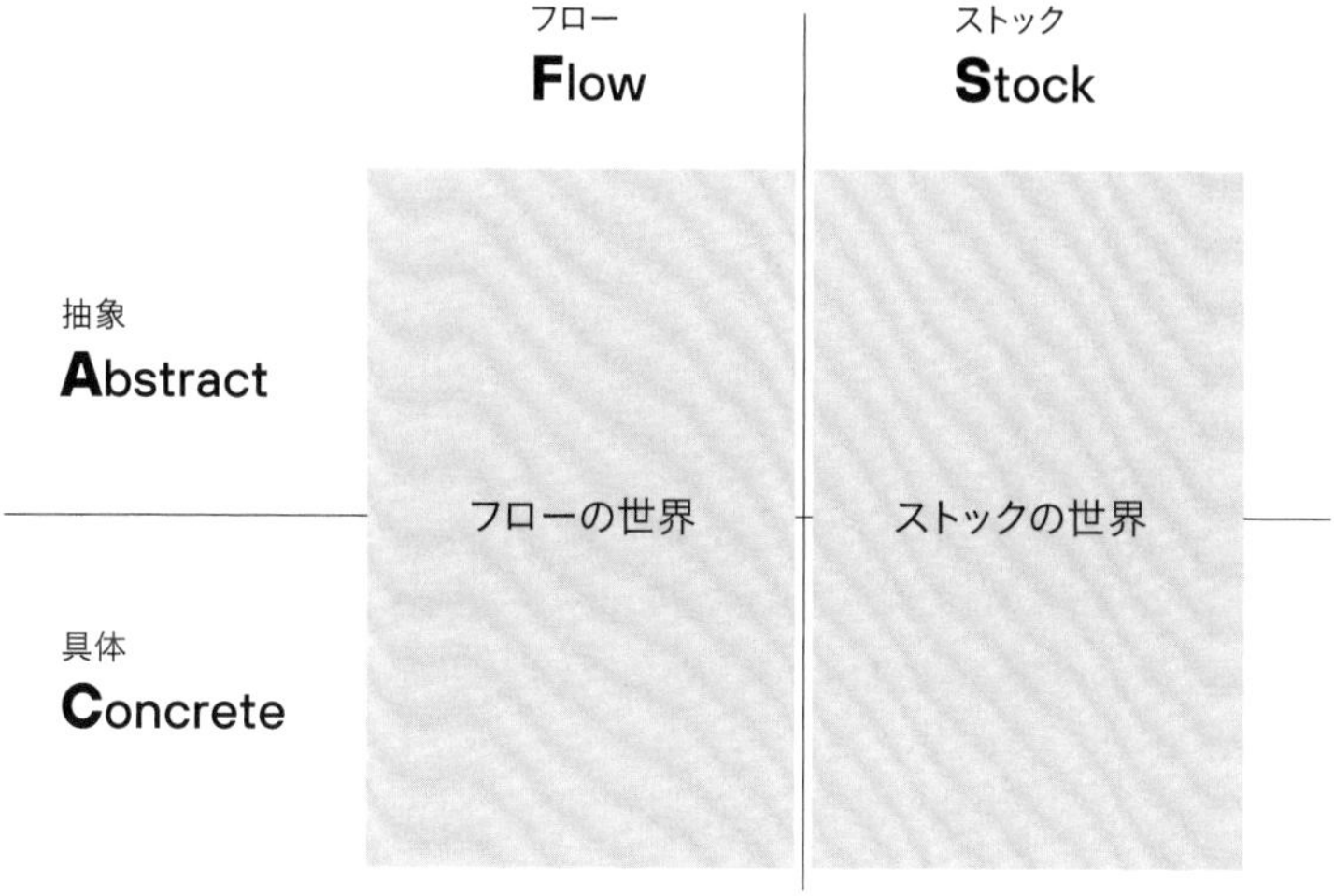

でいう「フローとストック」の関係に似ていると捉えてもらえればよいと思います。

メモリはあくまでも一時的に計算をするために存在するもので、それを格納して、長時間保存しておくのが記憶装置という関係です。あくまでも、フローは一時的に存在する「動的」なものであり、ストックがその結果を保存し、次の活用のために長期で蓄積していきます。

スイッチを切ってしまえばすべて消えてしまうのがメモリの内容＝フローで、スイッチを切っても削除しない限りはずっと残っているのが記憶装置の内容＝ストックである、という見方もできるでしょう。

ここでフローの世界は試行錯誤を繰り返す実験室のようなイメージで、そこで成功して有効であると検証されたものが安定して存在するのがストックの世界である、という関係です。

ビジネスでいえば、七転び八起きでサバイバルを繰り広げるスタートアップの乱立状態がフローで、そこで生き残った企業が上場して社会的な認知が上がっていくと、ストックの世界に入っていきます。人間でいえば、試行錯誤で学んでいく子供がフローだとすれば、ある程度進む道が決まって定職に就いた大人がストックといえるでしょうか。

したがって、このモデルでは同じ大きさである左右の領域ですが、繰り返しますがストック側のほうがフロー側よりも必然的に、空間的にも、時間的にも大きな割合を占めることになります。

さらに両者のイメージを膨らませるために述べれば、第1章で「粘性」と表現したように、フローの世界は気体や液体、それに対してストックの世界は固体という関係になります(子供やスタートアップはフットワークが軽く、いうこともやることもコロコロ変わるのに対し、大人や大企業はどっしりと落ち着いて長期に一つのことに取り組むというようなことをイメージしてもらえればと思います)。

図3-4「具体と抽象」の関係（縦軸）

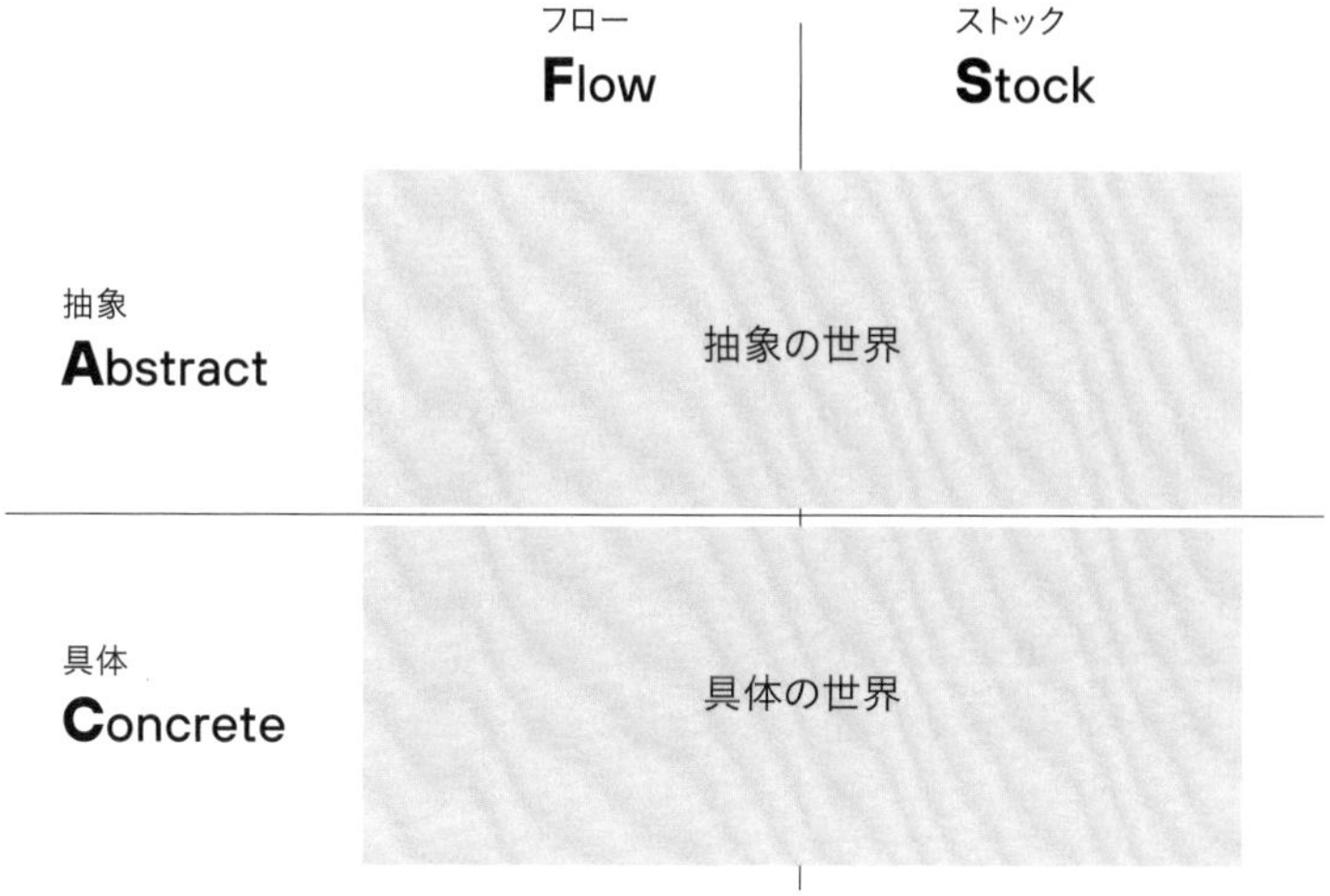

続いて、縦軸の上下が「具体と抽象」です。下側の「具体」は私たちの世界で現実に起こっている目に見える実体を指していて、上側の「抽象」は、それを見ている私たちの頭のなかにあるそれらの実体の解釈の仕方やさまざまな仮説、それらを固定化させた概念やルールと捉えていただければよいでしょう。

第2章で概観したように、「具体」の世界は基本的には、人間であろうが、動物であろうが同じものです。

一方で「抽象」の世界は、こちらも先に述べたように、そもそも動物のそれは極めて限られたものでしかなく、逆に人間は上側の領域が圧倒的に大きく、かつその大きさは人によって異なっています。

「ＣＡＦＳマトリックス」四象限を解説する

この「上下」「左右」の関係を頭に入れたうえで、図３－１の「ＣＡＦＳマトリックス」の四象限を一つずつ見ていきたいと思います。

のちにこのマトリックスはサイクルでもあり、それは左下から右回りの順で回転することが示されますが、現時点でもこのサイクルを意識して、左下↓左上↓右上↓右下の順に解説していきます。

フローとしての具体

「ＣＡＦＳマトリックス」の左下の組み合わせは「フローとしての具体」です。この領域は人間のすべての解釈が入っていない自然や身の回りの事象などの「ありのまま」の状態を指します。この「ありのまま」の状態のなかには、動物、植物、人工物、一人ひとりの人間など、あらゆる事象が含まれています。

ここで、すべての解釈が入っていないということは、抽象化の産物である「言葉」も排された状態であるがゆえに、実質的にこの状態にあるモノやコトを言葉で描写することはできません（「言葉」で表現した途端、それはこの領域を意味する「フローとしての具体」ではなくなってしまうからです）。

言い方を変えれば、「フローとしての具体」の世界は、すべてが個別で異なる世界です。抽象の世界が似たようなものを「まとめて同じ」と扱う対極にあるといえます。

たとえば、自然の美しさを表現するためにどんなに言葉を尽くしたところで、それはその美しさの「ほんの一部」しか表現しえません。人間のもついっさいのフィルターを取り除いたスタート地点にあるという点で、この状態は「ゼロ」であるともいえるでしょう。

フローとしての抽象

続いて、左上の組み合わせは「フローとしての抽象」です。この領域は一時的な作業領域のようなもので、永続的ではありません。右記の「フローとしての具体」を抽象化して考えることによって生まれた抽象概念、つまり、分類やカテゴリー、あるいは何らかの「線引き」がこの領域に相当します。

それは個人の頭のなかで起こっている、抽象化の試行錯誤によって生まれるさまざまな産物の集合体、ともいえるでしょう。

人間は身の回りの具体的な事象を観察しながら、そこから帰納的にさまざまなパターンや法則を発見することで、知的能力を向上させてきました。この抽象化のプロセスにおける一時的な産物、つまり、それらが社会にパターンや法則として定着する前のアイデアや仮説の段階が「フローとしての抽象」です。

さらにそれらが検証されて確立され、明文化されるなどして定着したものがストックですが、この領域はまだそこまで確立がされておらず、フローですからパソコンの揮発性メモリのように簡単に上書きされてしまいます。

科学者や起業家といった人たちは、さまざまな仮説を考えてそれを実験によって証明したり（科学者）、会社を通じて商品やサービスというかたちでビジネスを実現し、市場を創造したり（起業家）などして、世の中に影響を与えます。それが社会に浸透する前の仮説がこの「フローとしての抽象」といえるでしょう。

フローであるがゆえに多くの人の目には見えませんが、世の中の実情や変化を捉えて多数の人に受け入れられた仮説は、形式化されたりモデル化されたり明文化されたりしながら、次の「ストックとしての抽象」へと変化していきます。

ストックとしての抽象

右上の組み合わせがその「ストックとしての抽象」です。「フローとしての抽象」がスナップショットとして固定化したものが、この領域です。先にも説明したパターンや法則やルール、あるいはさまざまな言葉（具体的事象をスナップショットとして表現したもの）などが、この領域に相当します。

抽象であるがゆえに目に見えませんが、ストックであるがゆえにある程度わかりやすいかたちになっていて、フローに比べれば理解しやすいといえます。

この「ストックとしての抽象」は、一度人々の頭のなかに定着すると見えない縛りとなって、長期にわたって個人や集団の思考回路を支配します。

「ストックとしての抽象」の典型例は、集団を構成する人たちのあいだで暗黙のうちに共有されているさまざまな規範や、特定の社会における常識などです。もちろん、それは多くの検証を経て世に定着したものですが、未来永劫《えいごう》変わらないものでもありません。

たとえば、現代において男性が公式の場でネクタイをするのは礼儀正しさを表現する手段としての「常識」ですが、では、なぜネクタイをするのが礼儀正しいのかということを、江戸時代に生きる日本人に「論理的」に説明するのは極めて難しいでしょう。そもそも江戸時代の日本にネクタイは普及していませんし、公式の場での「正装」も別のものだからです。

要は、ネクタイをしているのが礼儀正しいということは、同じく「ストックとしての抽象」の典型例である「お金に価値がある」のは「みながそう思っているから」ということと同様、それ以上の説明はできないのです。

もちろん、お金の価値の裏づけについては、さまざまな説明が多くの学者などによってされていますが、そうした説明を「後づけ」でしなければならないこと自体、大多数の一般人がそれを「説明できない」という裏づけになります。ネクタイの例やさまざまな慣習にしても、そこには多くの言葉や起源があるのでしょうが、いまとなっては誰もがそれを「すぐには説明できない」ものがほとんどでしょう。その段階ですでにある種の「共同幻想」として、人々の思考回路を支配しているのです。

そうした意味で、さまざまな学校で行なわれている「教育」とは、「ストックとしての抽象」における抽象の「普及活動」であるということもできます。「ストックとしての抽象」は、できるだけ多数の人に長期間共有されることでその目的が果たせるようになりますから、何らか（たとえば義務教育のような）のかたちでこれを制度化して普及することで、一定の集団に「埋め込み」が可能になります。この「埋め込み」は集団の統制や秩序を維持するために、このうえない効果を発揮します。

ストックとしての具体

最後の左下の組み合わせが「ストックとしての具体」です。この領域が最初はいちばんわかりにくいかもしれません。これは何らかの「線引き」がなされた状態で、具体が認識されることを意味しています。たとえば、「善悪」「正誤」「ルール違反の有無」などの「線引き」のもと、世の中の具体的な事象が認識されている、ということです。要は、大多数の人間が（言葉などによって）無意識に認識している世界が、この領域です。

図3－5の左側にある「フローとしての具体」と右側にある「ストックとしての具体」の差をイメージで示すと、理解が進むのではないかと思います。

左側がなんの解釈も入っていない「フローとしての具体」、右側が何らかの解釈が入った「ストックとしての具体」です。ここでいう解釈とはもちろん抽象のことで、それが先に述べた「線引き」、あるいは「関連づけ」になります。世の中の具体的な事象を「善悪」や「正誤」という抽象で判断している状態といえば、おわかりでしょうか。

念のために補足すると、ここまでさまざまなかたちでご紹介してきたとおり、具体とは

図3-5「フローとしての具体」と「ストックとしての具体」の違い

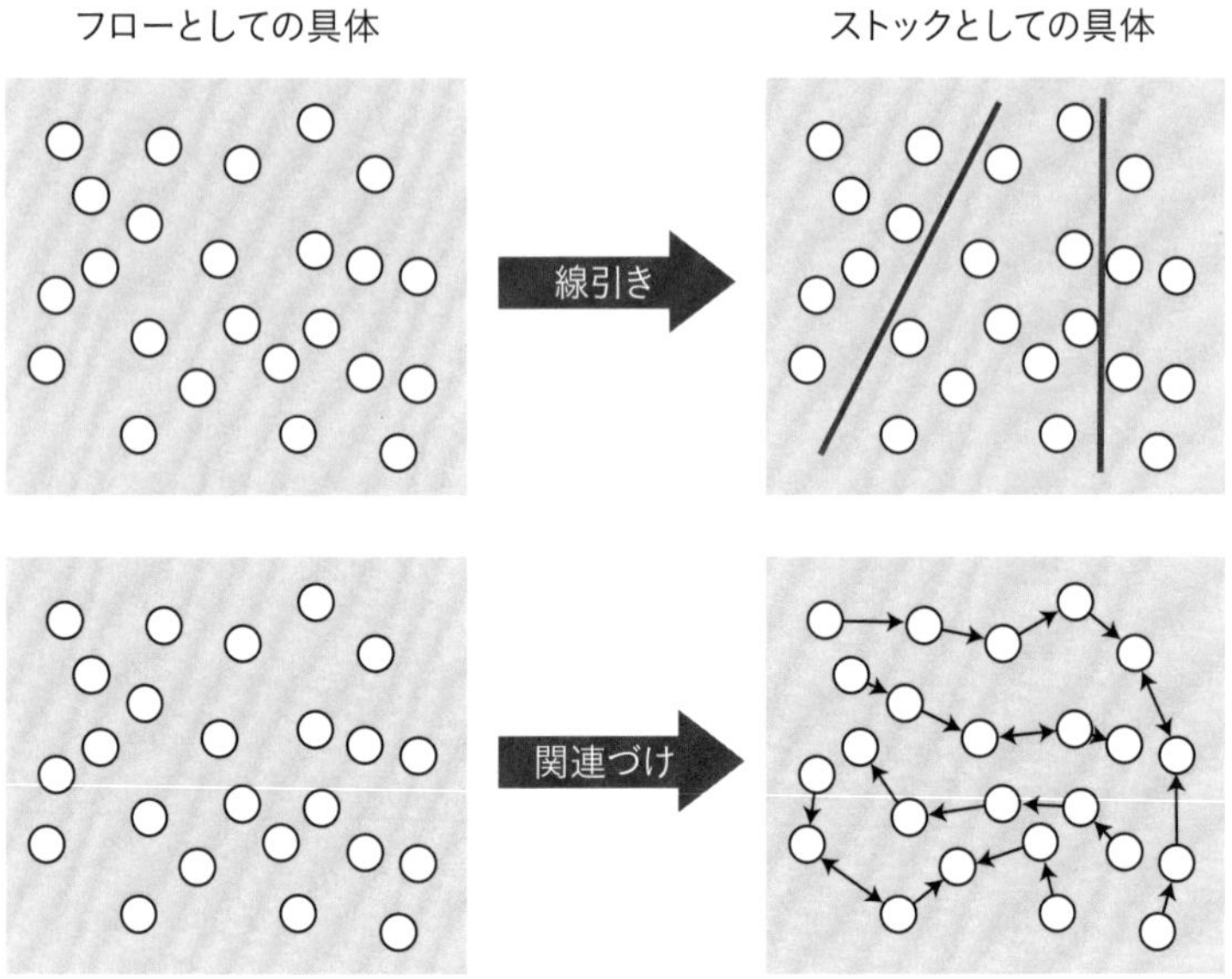

本来「唯一無二の存在」であり、具体的な事象は「いま」と「一秒後」ではまったくの別物になります。その定義からいけば、そもそも「ストックとしての具体」という言葉自体が自己矛盾です。

より正確に表現すれば、ここでいう「ストックとしての具体」とは、具体と抽象が合わさった「抽象つきの具体」とでも呼べるものです。具体という本来はバラバラのものを抽象という「接着剤」で保存可能なかたちにしたもの、とでも譬えられます。

第2章の後段で、抽象化から具

体化に至る段階では、先の抽象化の際に行なわれた見えない「線引き」を、実際の目前の個別事象（現実）に当てはめるかたちで引き、その線を現実そのもの（具体）とセットで扱う、と述べました。まさにこの議論がこの「ストックとしての抽象」につながっているのです。

もう一ついえば、「ストックとしての抽象」を、抽象が何もついていない「フローとしての具体」とあえて分けて表現している理由の一つは、第1章で述べた「ストック型」思考回路の人はそこに抽象がついていることにすら気づかず、それを「ありのまま」だと見なしているからです。「常識」というものはあまりにそれが当たり前すぎて、じつはそれが事実を特定のフィルターで見るための解釈であることにすら気づいていない状態が、この「ストックとしての抽象」に相当する、といえるでしょう。

この「ストックとしての抽象」は、のちほど具体例とともにより詳しく述べていきますので、この段階ではまずイメージを摑んでいただければと思います。

図形で理解する「CAFSマトリックス」

以上の「CAFSマトリックス」の四象限の関係を、模式的に図形を使ったかたちでも

図3-6 図形を用いた「CAFSマトリックス」の説明

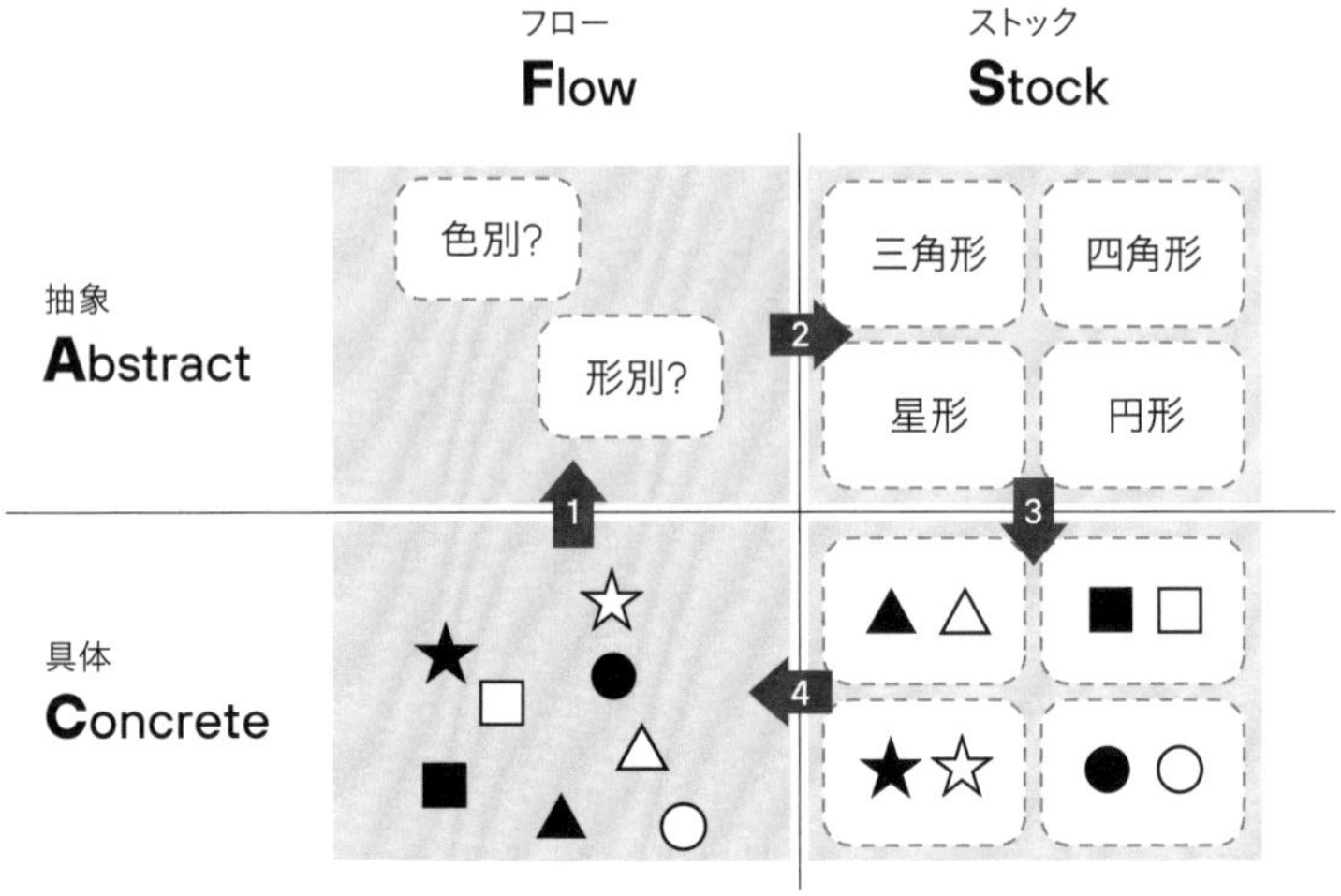

示しておきましょう。

ここではさまざまな図形が、一つひとつ別々の異なる事象であるということを表現しています。左下の「フローとしての具体」では、個別の具体的事象が「そのまま」存在します。しかしすべてがバラバラの個別とはいえ、事象同士には何らかの類似点が存在し、その切り口を試行錯誤しながら考えるというのが、左上の「フローとしての抽象」です。

先の説明のなかで、この領域は世の中にまだ定着していない仮説の状態と述べました。ここではそのバラバラな図形について、たとえば色別とか、形別で抽象化してはどうだろうか、ということが、その仮説になります。

そこで、この色別、形別で分類しようという考え方の方向性が決まったら、それに従って具体的な分類方法が確定され（三角形、四角形、星形、円形など）、それが「ストックとしての抽象」になります（ルール、法律、言語、お金など）。

そうした分類を基にして、目の前のバラバラの個別の図形を分類したのが「ストックとしての具体」になるわけです。

もちろん、現実の世界では、この一つひとつの図形がある場合は人間であったり、ある場合は生物であったり、ある場合は物質であったり、またある場合は自然現象であったりすることは、いうまでもありません。

「CAFSマトリックス」と「思考と知識」

四象限の説明の最後に、この「CAFSマトリックス」と、第1章で言及した「思考と知識」の関係にも触れておきたいと思います。

第1章では、「人類の知的活動に関して『思考』がフローであり、その蓄積としてのストックを『知識』という関係で捉える」と述べました。

まずシンプルに表現すると、「思考がフローで知識がストック」であるという点で、マトリックスの左半分が思考の領域、右半分が知識の領域という関係になります。

ここでもスタートは左下の「フローとしての具体」からです。人間の知的能力としての抽象化は、さまざまな個別の事象の観察から始まります。

自然科学であれば人間以外の自然現象が、社会科学であれば人間やその集団としての社会の個別の事象が、この象限にあたります。もちろん、この時点ではなんの解釈も入っていない「ありのまま」の状態です。

ここから分類やカテゴリー化によって、その共通点やパターンを認識して体系化、理論化、ルール化していこうというのが抽象化です。ここで「ああでもない、こうでもない」と仮説を考えながら、それを実験やデータ収集などによって検証していく、そのときの仮説が左上の「フローとしての抽象」です。

この「上向き」の具体例からの抽象化は、一般的には帰納的な思考と呼ばれます。「CAFSマトリックス」では「フローとしての具体」を「フローとしての抽象」に変換するのが帰納的な思考ということです。

図3-7「CAFSマトリックス」と「思考と知識」の関係

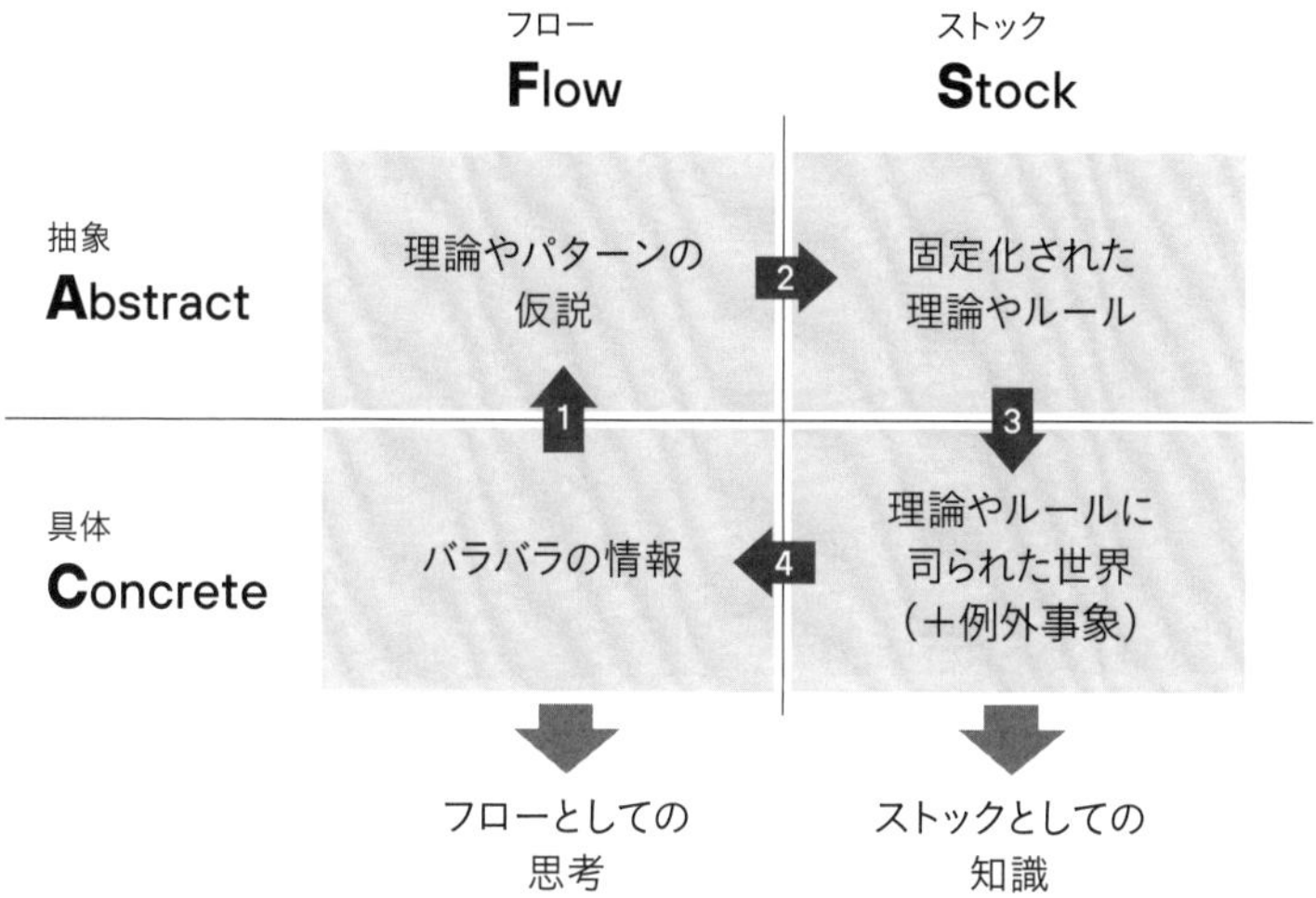

やがて、それらの仮説はある程度検証されたり習慣化されたりしていくことで、そこで生き残った仮説が、いずれは明文化されたり理論化されたりというかたちで知識やルールとして、右上の「ストックとしての抽象」へと変化していきます。そして、その知識やルールを用いて世の中を見たりまとめたりすることで世界が動いていく、そのような「ルールつきの現実世界」（先の表現では「抽象つきの具体」）が、右下の「ストックとしての具体」になるのです。

その意味では、人間社会における「知識」とは、「抽象化」という「パッケージング技術」が生み出した「パッケージ製品」だといえるのかもしれません。

左（フロー）と右（ストック）の世界の違い

四象限の説明が終わったところで、視点を再度「フローとストック」という「CAFSマトリックス」の左半分と右半分に向け、これまでに述べてきたマトリックスの構造を頭に入れながら、「左の世界」と「右の世界」の違いをより深く考えてみましょう。

本章の議論はこのあと、この「CAFSマトリックス」を動的にどう捉えるか、という部分に入っていきますが、その議論をスムーズに理解するためにも、左右の世界の違いのイメージをもっておくことが重要です。

第1章で論じてきた「フローとストック」の関係と重複する部分もありますが、ここではこの「CAFSマトリックス」が示すフロー的な世界の領域とストック的な世界の領域の違いという観点から、この二つの世界の違いを整理してみます（図3－8）。

「CAFSマトリックス」を考えるうえで非常に重要なのは、「動的か、静的か」という視点です。フローは動的、つまりつねに移ろいゆくものであり、ストックは静的、つまり蓄積というかたちで安定的な状態をとります。

そこでマトリックスの左側（フロー側）が極めて流動的に動きがあるのに対し、マトリッ

図3-8 左(フロー)の世界と右(ストック)の世界の違い

フロー		ストック
動的	⇔	静的
変化重視		安定重視
可変次元		固定次元
少数派		多数派
一時的		恒常的
限定的		普遍的
イノベーション		オペレーション
確率論(試行錯誤)		決定論
上向き		下向き
放置社会		法治社会
可逆的		不可逆的

図3-9「CAFSマトリックス」の時間の偏り

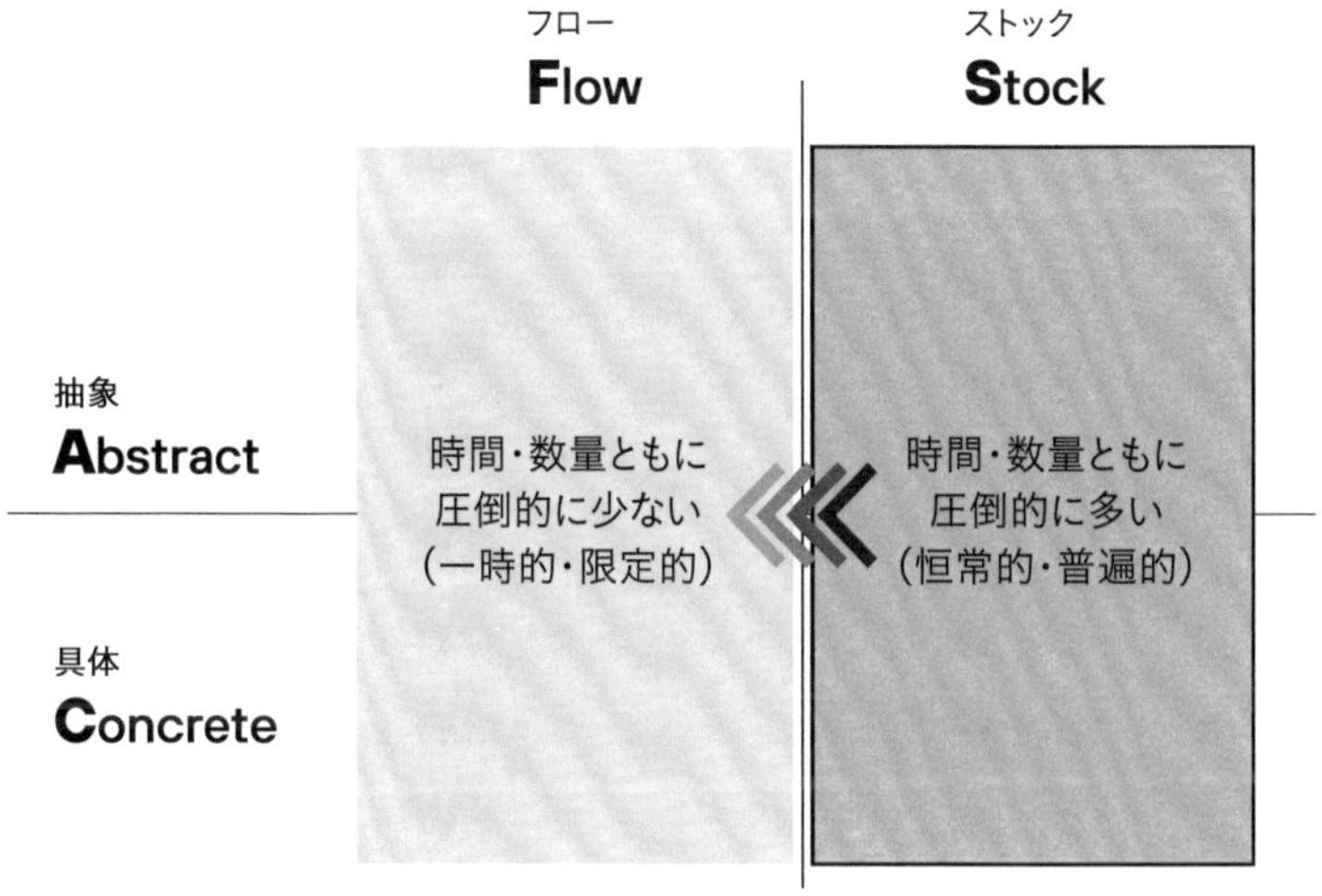

クスの右側（ストック側）はある程度時間が継続する安定性があります。

したがって、サイクルというかたちでマトリックスの各領域が移行し合う場面でも、各々が均等に経過しながら動くというよりは、「フローとしての抽象」の領域での仮説の検証が短い時間で繰り返し起こり、その後、ストックが長いあいだ継続する、というようなかたちになります。

つまり、「CAFSマトリックス」の各領域は概念図としては均等ですが、時間の長さとしてはかなり偏りがある、ということです（図3―9）。

フローというのは基本的には「CAFSサイクル」がリセットされるとき、第1章の言葉を使えば「世代交代」などの不連続な変化が起きるときに、一時的かつ部分的に現れるもので、私たちの身の回りの事象はほとんどの場合、物理的にも精神的にもストックとして存在しています。

動的な状態が一瞬で終わり、その後に静的な状態が続き、その後、また動的な瞬間によって静的な状態が次の状態へ移行するといった流れになるわけですが、図示すれば、図3―10、図3―11のようになるでしょう。

この偏りは、これも第1章で述べた「フロー型」の人と「ストック型」の人の比率とも相

図3-10「動的」と「静的」から見た「フローとストック」

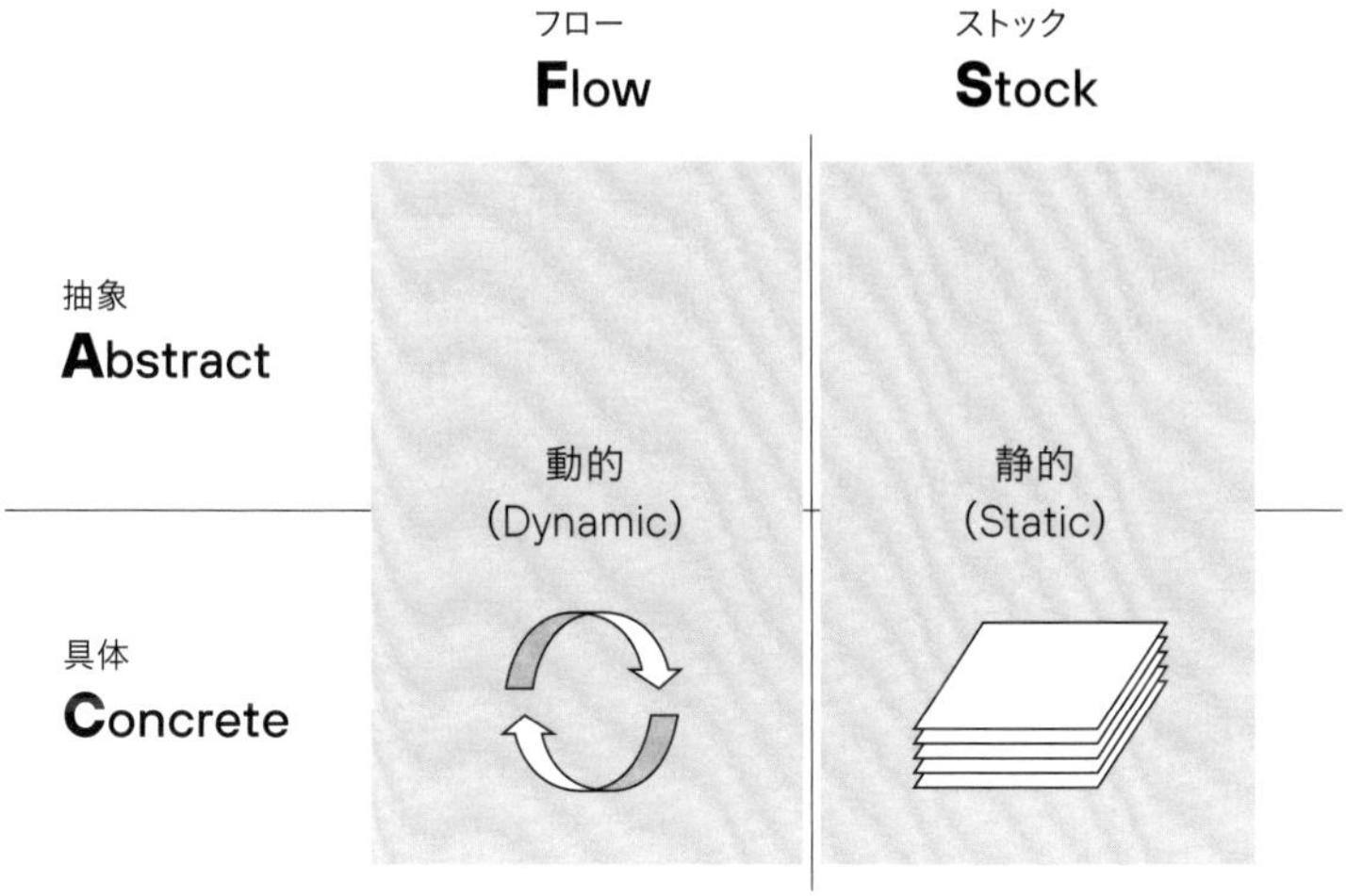

図3-11 動的変化と静的安定期間

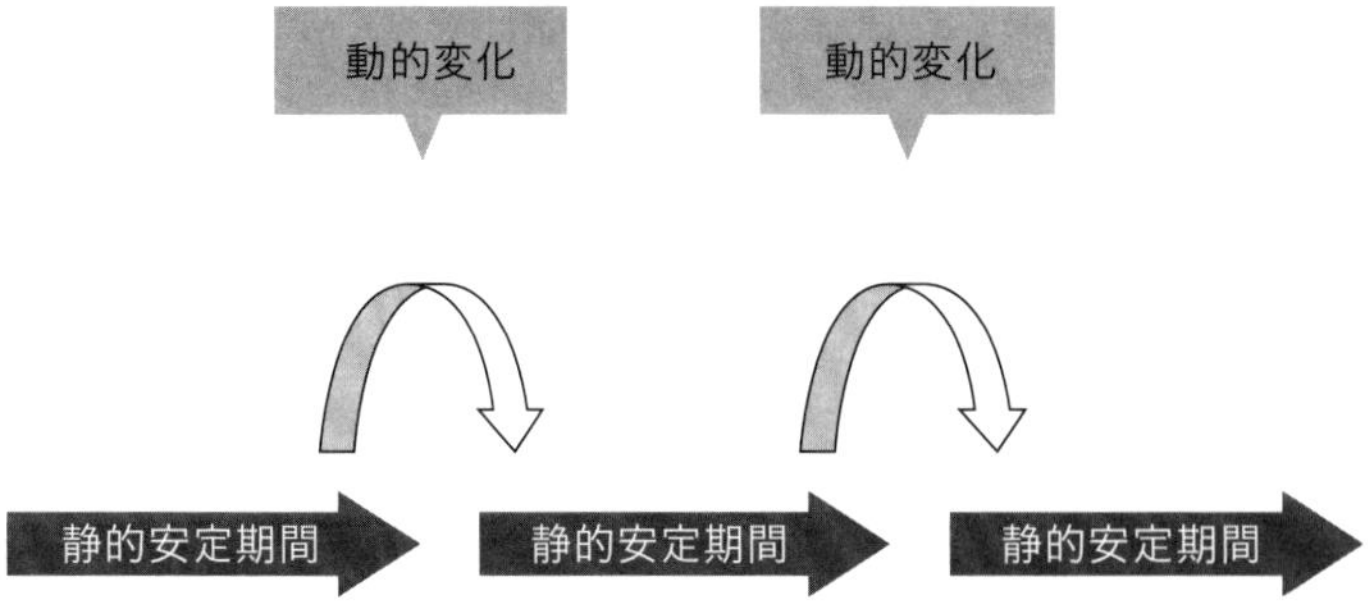

関があります。「ストック型」の人のほうが多いので世の中はストック的に進んでいくともいえれば、世の中がストックで形成されているために、多くの人の思考回路が「ストック的」になるともいえますが、第1章の言葉を使えばこれも「鶏と卵」の関係になるのかもしれません。

可変次元のフロー、固定次元のストック

第2章でも述べたように、抽象化とは「都合のよいように切り取る」ことです。特定の変数だけで限定的に表現しても、それは実際の世の中の一部を表現したものにすぎず、集団が活動するうえでの指針にはなりませんが、そこで人類は抽象化という手法によって、集団行動を可能にする武器を手に入れました。

たとえば、私たちは健康状態を測るためにさまざまな指標を用います。健康診断で測定する数値は、身長・体重から始まって体脂肪率や血糖値、あるいはコレステロールや尿酸値にまで至りますが、これらの変数によってある程度の健康状態を知ることが可能になります。

あるいは会社組織でも、売上、コスト、利益などの基本指標に加え、さまざまな財務的指標を用いて状況を把握します。

こうした変数は「健康状態」「会社組織」のほんの一部を切り取ったものにすぎませんが、その抽象化によって私たちは行動指針を得るのです。

ここで考えておきたいのは、「変数が可変か、それとも固定か」という点です。「ストックとしての抽象」の領域では、抽象化された変数（身長、体重、売上など）がほぼ固定しています。その左隣の「フローとしての抽象」の領域で、試行錯誤によって固定した変数が生み出されるわけですが、つまり「CAFSマトリックス」ではフロー側の領域においては抽象化の変数がフレキシブルに変動するのに対し、ストック側の領域においては抽象化の変数が固定化している、と理解いただければよいと思います。

変数から見たカイゼンとイノベーション

この変数が固定されているか否かという観点を、製造業などで実施されている「改善活動（カイゼン）」と「イノベーション」との違いの説明に用いることもできます。

かつて日本の製造業の大躍進の一翼を担ったカイゼンですが、これは変数が固定されたうえでその変数を最適化していく活動ともいえます。要は、カイゼンとは「いまある変数の最適化」という点で、「CAFSマトリックス」でのストック側の活動が中心であるのに対し、イノベーションとは「いまない変数を創出する」という点で、フロー側の活動ということになります。

したがって、カイゼンに必要なのは相対的に「ストック型」の発想で、イノベーションに必要なのは「フロー型」の発想ということがいえるでしょう。

イノベーションに対する比較概念として、オペレーション（日々の業務を運営していくこと）という言葉があります。社会の変化に即していえば、変革期にイノベーションが起こるのがフローの世界、その結果としてできあがった仕組み（オペレーション）で多くの人が長期間生活しているのがストックの世界、という関係になります。

イノベーションとオペレーションの関係は、「CAFSマトリックス」の各領域がどのようなタイプの人たちと密接に関連しているかを深く考えるうえでも役立ちます。

「フローとストック」という左右の領域でメインとなるプレイヤーが異なることは何度もお話ししたとおりですが、とくにストックに関しては「CAFSマトリックス」の上下で、

図3-12 カイゼンとイノベーションの違い

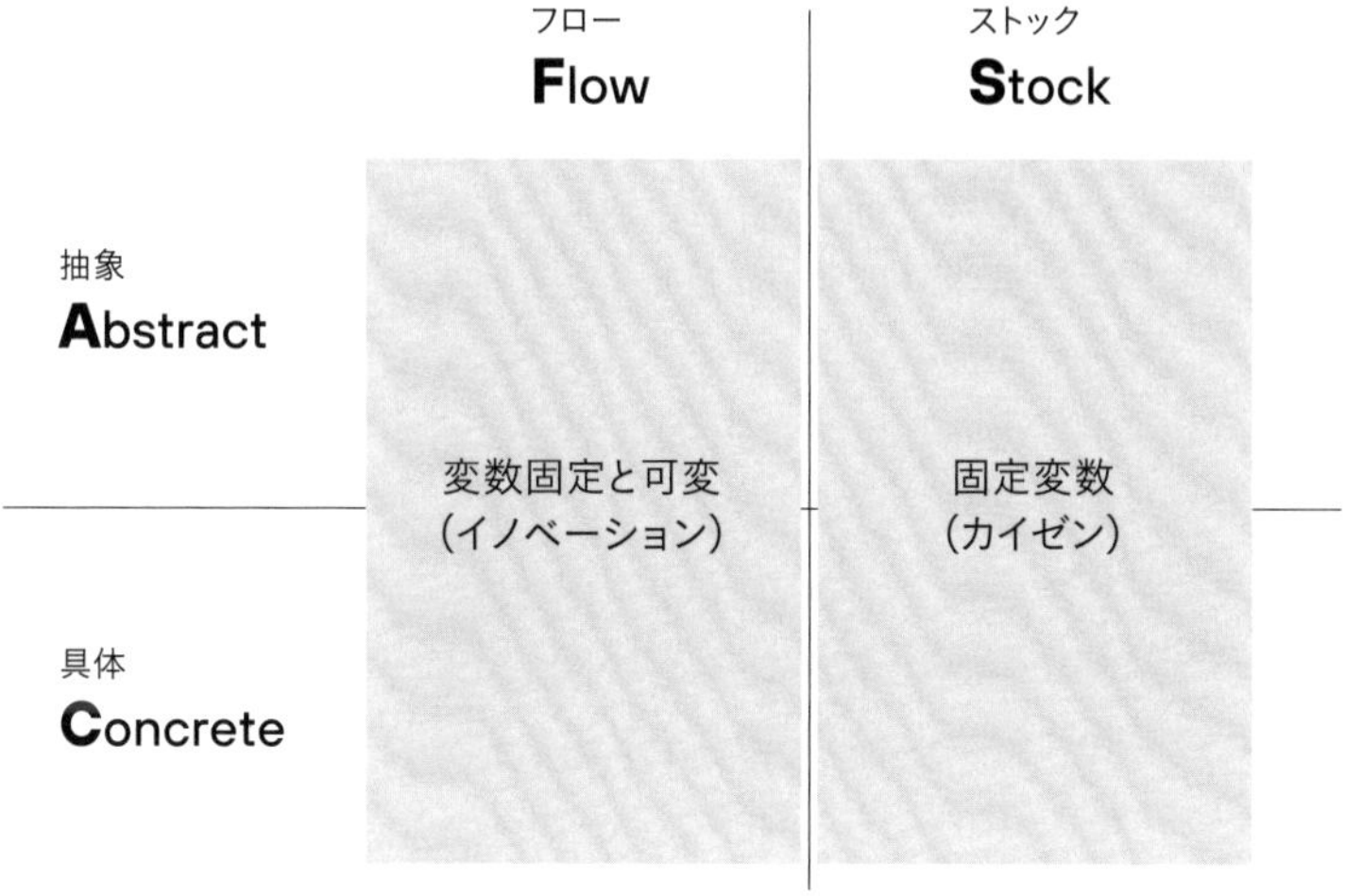

図3-13 イノベーションとオペレーションの世界

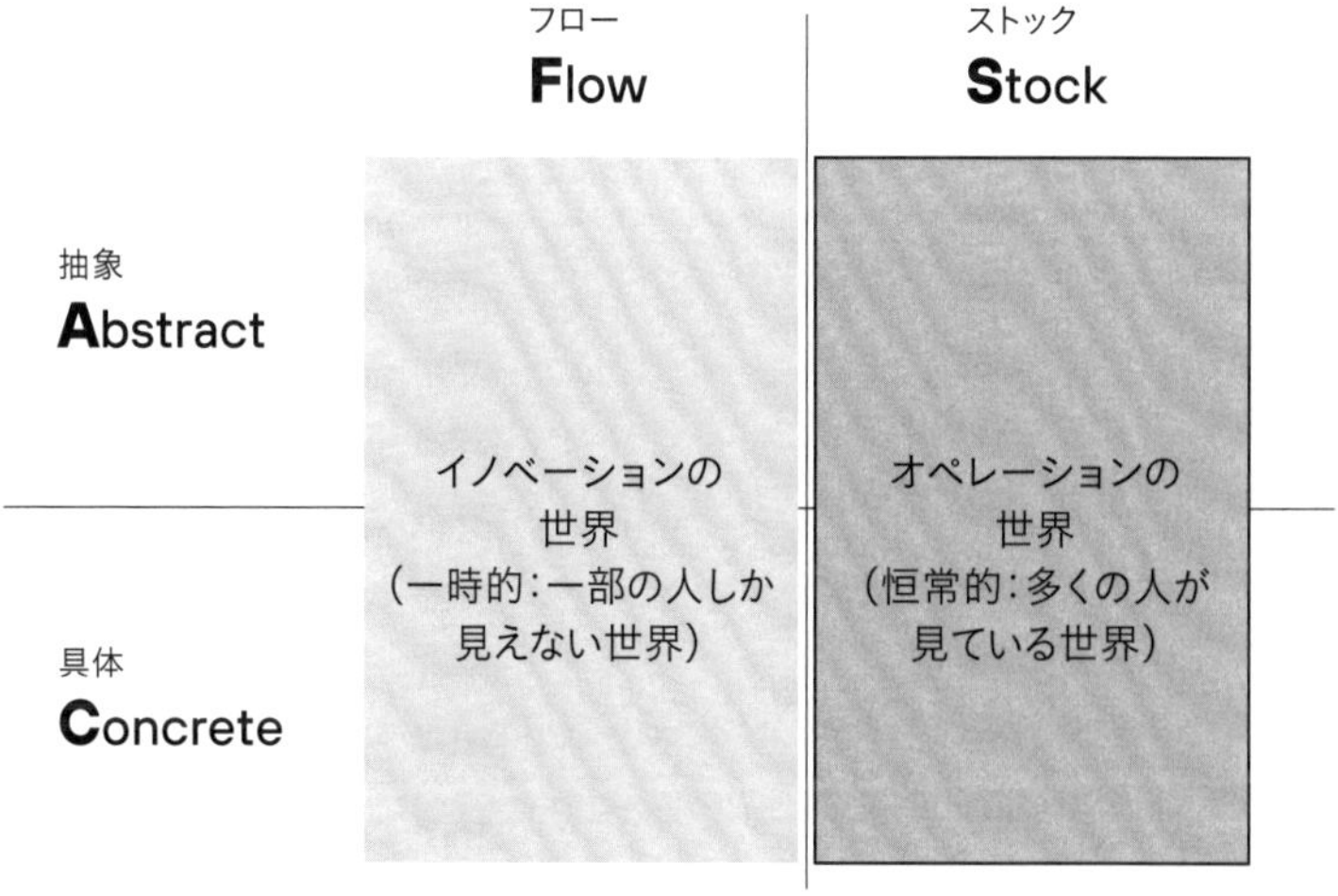

さらに大きく二つに分かれます。つまりストック側の領域は、仕組みがしっかりできあがっているがゆえに、単純化すれば「仕組みの仕掛け人」と「その仕組みの上で動いている人」に分類できるのです。

たとえば、右上の「ストックとしての抽象」はその仕組みのルールの世界ですから、そのルールをつくり運用している人、いわゆるエスタブリッシュメントとその他の一般人という構図となります。資本主義を例にとれば、これは資本家（がつくった仕組み）と労働者という関係になり、デジタルプラットフォームを例にとれば、プラットフォーマー（がつくったプラットフォーム）とユーザー、政治を例にとれば、為政者（がつくった法律などのガバナンスの体系）と一般市民、という構図が当てはまります。

この「ストックとしての抽象」側の視点から「ストックとしての具体」は「枷《かせ》」をはめられたかたちになるわけですが、ここで枷をはめられた側は、じつは、そのことに気づかない場合がほとんどです。

とはいえ、この関係は時間の経過とともに歪んでいきます。つまり、エスタブリッシュメントが定めたルールと実際に起こっている具体のあいだの関係が、時代の変化とともに歪んでいき、これが世代交代へのきっかけになっていくのです。

図3-14 イノベーターとエスタブリッシュメントが見ている世界

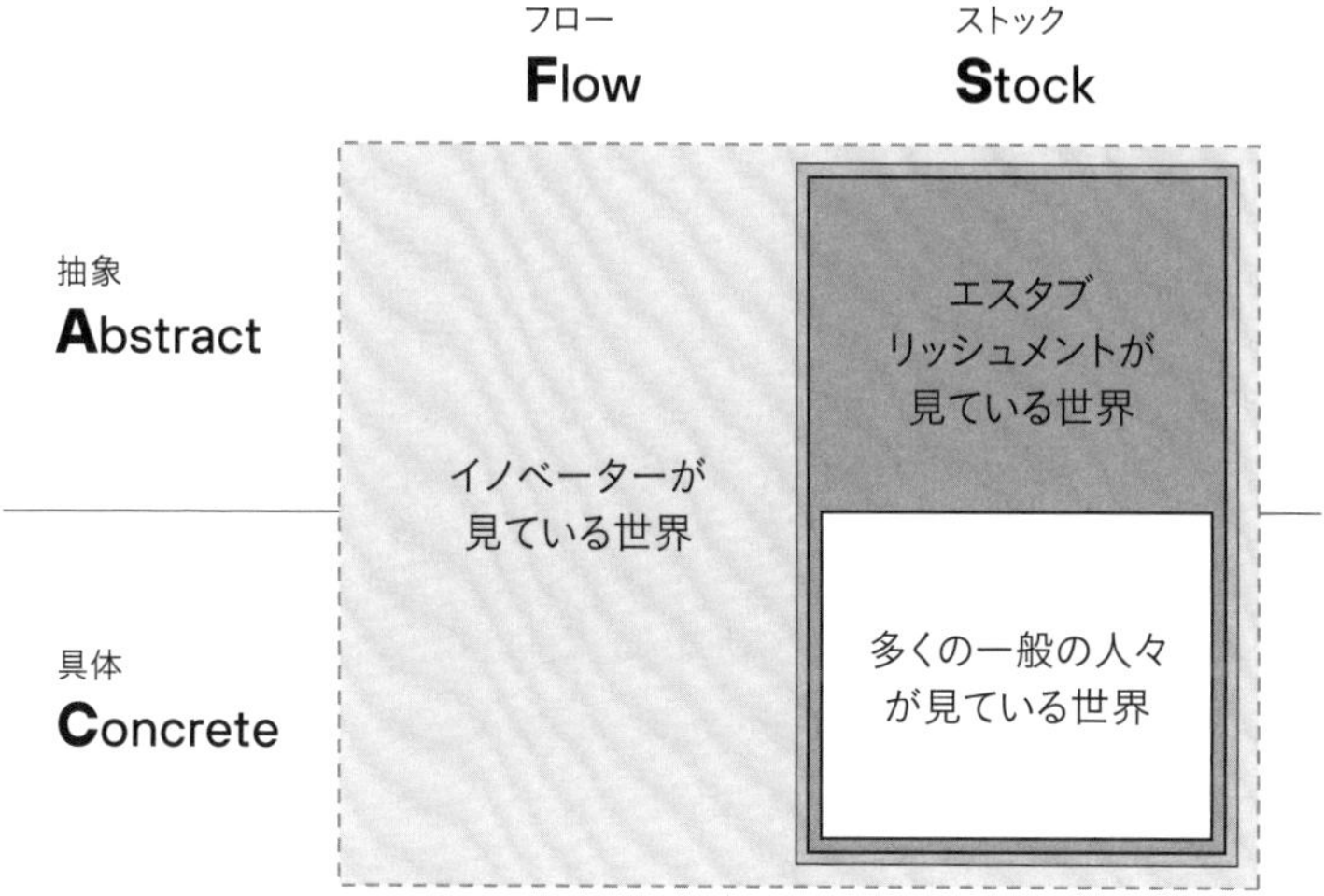

ここで登場するのが、フローの世界をフィールドにするイノベーターです。イノベーターはこの歪みを捉えることで、旧来の「ストックとしての抽象」の「枷」を外し、抽象から解き放たれた「ありのまま」の具体を再度、最適なかたちで抽象化し、新たな秩序（「ストックとしての抽象」）をつくり上げようとします。

すでにおわかりのとおり、これこそがイノベーションのプロセスです。

同時にここで起きるのは、エスタブリッシュメントからの抵抗です。エスタブリッシュメントにとって自らが利用している「ストックとしての抽象」とは、既得権益そのものです。

さまざまな規制やルール、あるいは特定の仕組みのもとでの「常識」は、彼らが生存し、その時点での「ストックとしての具体」を意のままに動かすために必須のものであり、イノベーターがそれを破壊して新たな秩序をつくり上げることに彼らは徹底抗戦します。念のために補足すると、エスタブリッシュメントにとって、こうした抵抗は意図的にイノベーターの足を引っ張りたいと思っているというよりも、自らの頭を支配している価値観(それが唯一のものであると信じているのがエスタブリッシュメントの特徴です)が破壊されることへの本能的な抵抗と見るべきでしょう。

「上向き」のフロー、「下向き」のストック

以上の議論とも関連しますが、マトリックスの左側のフローの領域と右側のストックの領域で、上下関係の向きが違っていることについても述べておきましょう(図3－15)。

この点に注目することで、フローにも具体と抽象があり、そしてストックにも具体と抽象があり、それらの関係が異なっているという理解が進み、四象限で考えることの意味がより深くわかるはずです。

図3-15 「上向き」のフロー、「下向き」のストック

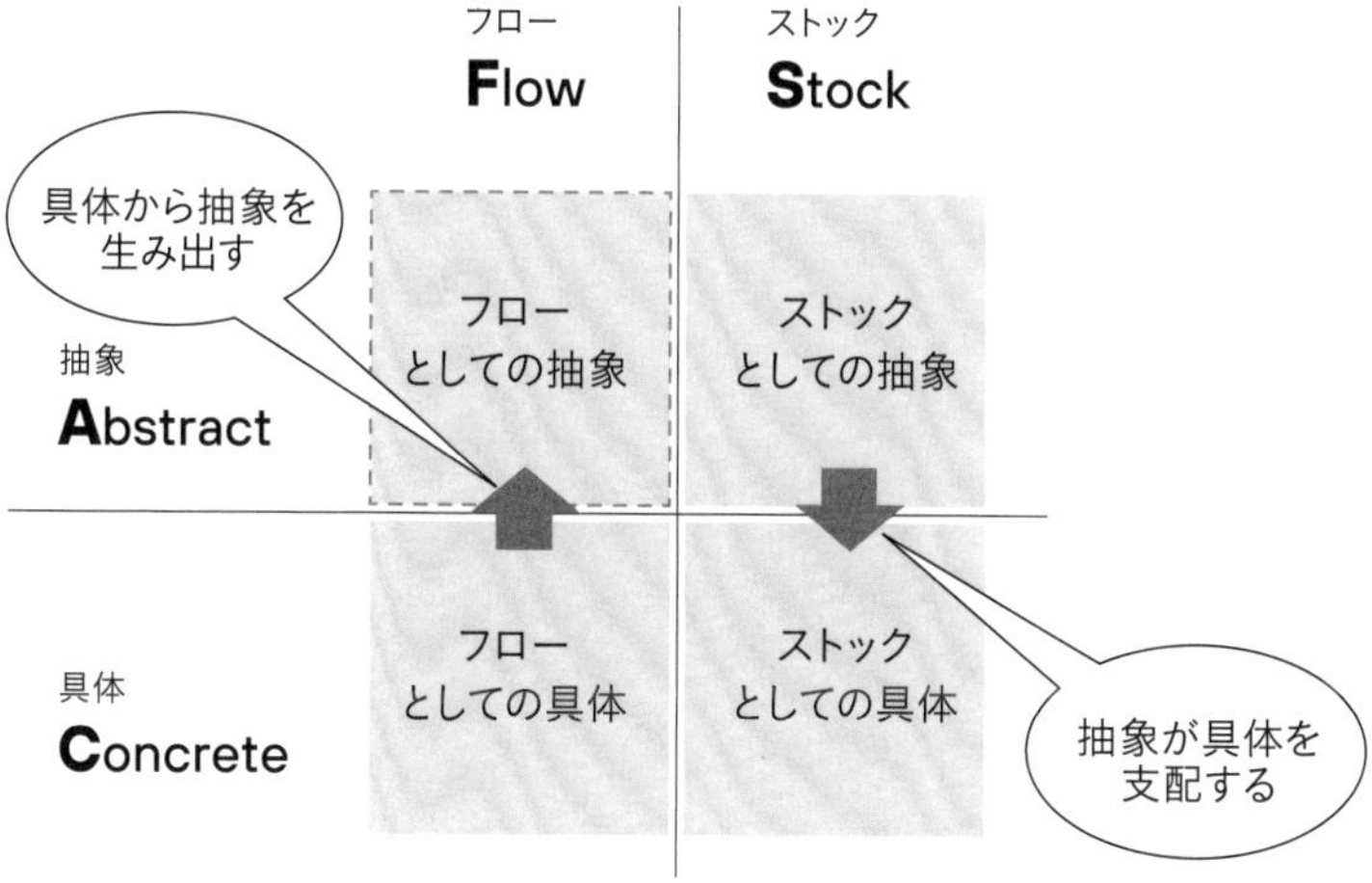

左側のフローの世界は、混沌《こんとん》とした「フローとしての具体」を整理して抽象化するというかたちで「上向き」の流れが中心となります。これに対し、右側のストックの世界は、固定化された静的な抽象が具体を固定化して支配するというかたちで「下向き」の流れが中心となります。

じつは、このベクトルが、「CAFSマトリックス」を右回りのサイクルとして捉える原動力になるのですが、それについてはのちほど述べましょう。

ここでの「上向き」とは、具体から抽象を考える、つまり抽象化で、「下向き」とは、抽象から具体を考える、つまり具体化ということですが、さらに付け加えたいのは、どちら

が「主」でどちらが「従」になるか、という観点です。

「上向き」の場合は、具体が主でそれをトリガーとした抽象化が行なわれます。一方の「下向き」の場合は、抽象が主でそれに従って具体を見るという、具体化のほうがメインになります。

たとえば「ルール」について考えたとき、それを何らかの目標達成のための「手段」と考えるのが「上向き」の発想で、ルールは絶対のものであってそれを守ることが（人間や社会の）「目的」であると考えるのが「下向き」の発想といえば、わかりやすいでしょうか。

もちろん、そのどちらが正解か、という答えが明確にあるわけではないのですが、本書の「フローとストック」の世界で分けて考えれば、その違いをすっきりと説明できます。

つまり「フロー型」思考回路におけるルールは、あくまでもその上位目的を達成するための手段としての「フローとしての抽象」なのですが、それを「ストックとしての抽象」としての静的なスナップショットを撮って固定化した途端、それ自体を達成することが目的化します。

別の言い方をすれば、よくいわれる「手段の目的化」は、「フローとしての抽象」が右隣の「ストックとしての抽象」に転換するときに起きるのです。

ここまで何度も繰り返したように、大多数の人は「ストック型」思考回路であるため、そこに「見えない固定観念」を埋め込むことで、特定の人間のなかで「共同幻想」とでもいうべき「常識」が共有され、それが、人々を集団で動かす必要のあるときに絶大な威力を発揮してきました。

そこで「歪み」が発生し、時代の変化とともに運用が硬直化してくるとさまざまな軋轢《あつれき》が生まれますが、それでもつねにルールが絶対だ、という「ストック型」の人も一定数存在します。

昔からのしきたりやマナーを厳守する人に対し、なぜ、それを守ることが重要かと問うても、それができたときの意味を語るよりも「とにかくしきたりやマナーを守ることが大事だから」という答えが返ってくることでしょう。

コロナ禍のなかで、いつでもマスクをしていないとそれを糾弾する「マスク警察」なる人たちが話題になりましたが、これは「下向き」の発想が問題になる典型的な状況です。「○○警察」という言い方は「やりすぎ」という否定的な文脈で使われますが、じつは、世の中のさまざまなマナーや常識も、多かれ少なかれ、同じような構図になっていることが少なくありません。

「業界」という言葉が含む「下向き」の発想

ビジネスの現場でも、このような「下向き」の発想、つまり「ストックとしての抽象」から具体を見るという事象が日常的に発生しています。これはビジネスそのものを、ある見えない枠をもって無意識的に捉えてしまっている状態です。

たとえば「業界」という言葉がありますが、そもそも業界という枠でビジネスの世界を見ていることが「下向き」の発想といえるでしょう。時代が安定しているとき、この「業界」という言葉や概念はとても便利です。類似のビジネスをやっている企業間での「業界団体」は、業界内でのビジネスをスムーズに進めるうえでのルールを決めたり、人脈を強固なものにしてくれたりします。

しかし、安定しているストック側(「CAFSマトリックス」の右半分)から社会が大きく変化するときには、業界という概念そのものが崩れる、つまり「歪み」が生じるために、そもその業界という概念を大きく捉え直す(「フローとしての抽象」へと組み換える)という「上向き」の発想が必要となります。

とくにDXの時代には、この考え方が重要になります。ある業界の仕事のやり方をデジタルに変えようというのは、DXというよりもたんなる「デジタル化」ですが、真の「トランスフォーメーション」としてのDXは、そもそも新しい業界をつくり出す（たとえば通信と放送の融合、配車と宅配の融合など）ということであり、そこで既存の業界という枠にとらわれたままでは、新しい考え方を生み出すことはできません。

あるいは、小売りでも同様に「上向き」と「下向き」の考え方があります。商品を物理的な店舗で「棚」を用いて売る場合、新しい商品を発売する際に重要になるのが「どの棚に置くか」ということです。

この場合の「棚」という言葉は、物理的な棚のどの場所かということを示すのと同時に、「どの分類に属するか」という概念的なものも表しています。これが「ストックとしての抽象」という概念上の分類に相当するのです。

ここでの「下向き」の発想とはもちろん「まず棚ありき」で、商品という具体的なものを「棚に合わせて発想する」ことです。ところが、まったく新しい概念をもった新商品は「どの棚に置くか」という概念では説明できないものばかりで、そこでは「棚を新しくつくる」という「上向き」の発想が必要とされます。

後者のような商品は文字どおり「カテゴリーキラー」という言い方をされることか

らもわかるように、それ自体が、抽象としての分類のあり方を物語っているといえるでしょう。

なぜ手段はいつの間にか目的化するのか

会社や役所などの組織には予算があります。設備を購入したり、部品を調達したり、外部に仕事を依頼したりなどのほとんどの活動には何らかの資金、つまり予算が必要となりますが、この予算確保という行為も、大抵の場合は「上向き」から「下向き」という流れになります。

たとえば何らかの活動をする場合、はじめはその目的を達成するために必要な個々の活動が計画され、その実行に必要な予算額が算出されたうえで、それを確保することになります。

ところが、この予算が一度確保されてしまうと往々にして、いつの間にかそれが既得権益となり、翌年は「まずは予算ありき」でその予算をどのように使おうか、という本末転倒が起こります。

年度末に余った予算を消化するための仕事が発生する、というのが典型ですが、もともとは方法論であった手段が目的化してしまうのです。

予算と同様、そもそも組織というものも、同じような流れをたどることがあります。組織もまた何らかの目的を達成するために結成されるものですが、それが一度できあがって一定の人員も確保されると、今度はその維持が目的化して、その組織のために仕事をつくらなければならなくなる、ということも本末転倒が発生します。

つまり、もともとは右下の「ストックとしての具体」で生じた「歪み」を解消するために左上の「具体としての抽象」で新たに考えられた仮説について、それをストックとして使用するためにはスナップショットとして固定化する必要があるために、そのなかで本来は手段であったはずの抽象が目的化することが、繰り返し起こるのです。

語学学習は「実践が先か、文法が先か」

「上向き」「下向き」という観点から、一人の人間が一生のうち、どのように学習していくかということについても、「CAFSマトリックス」を用いて説明することができます（図

3―16）。

私たちの学習の仕方が小さな子供と大人で異なっていることは、直感的におわかりかと思います。

ここでいう小さな子供とは、学校に入る前の幼児期が中心なので、中高生はどちらかといえば大人に属することになります。

例に挙げたいのは語学学習です。私たちは自らの母国語を幼少期にどうやって習得するのでしょうか。あるいは学校に入ってから、あるいは大人になってから外国語や古文や漢文をどのように学ぶのでしょうか。

前者と後者の学びには、決定的な違いがあります。それは「実践が先か、それとも文法が先か」というものです。前者の幼少期の語学習得においては、教科書や文法などがありません。大人との会話やテレビ、インターネット番組、あるいはゲームなどで〝自然〟に覚えていくのが幼少期の学びといえるでしょう。

一方の後者の大人になってからの学びでは、「三単現のｓ」や「○行変格活用」といったかたちでの文法の習得が柱となります。もちろん外国語や古文などのように〝自然〟に習得する相手が周りに存在しないということも理由になりますが、海外駐在員のように「壁

図3-16 小さな子供と大人の学習の違い

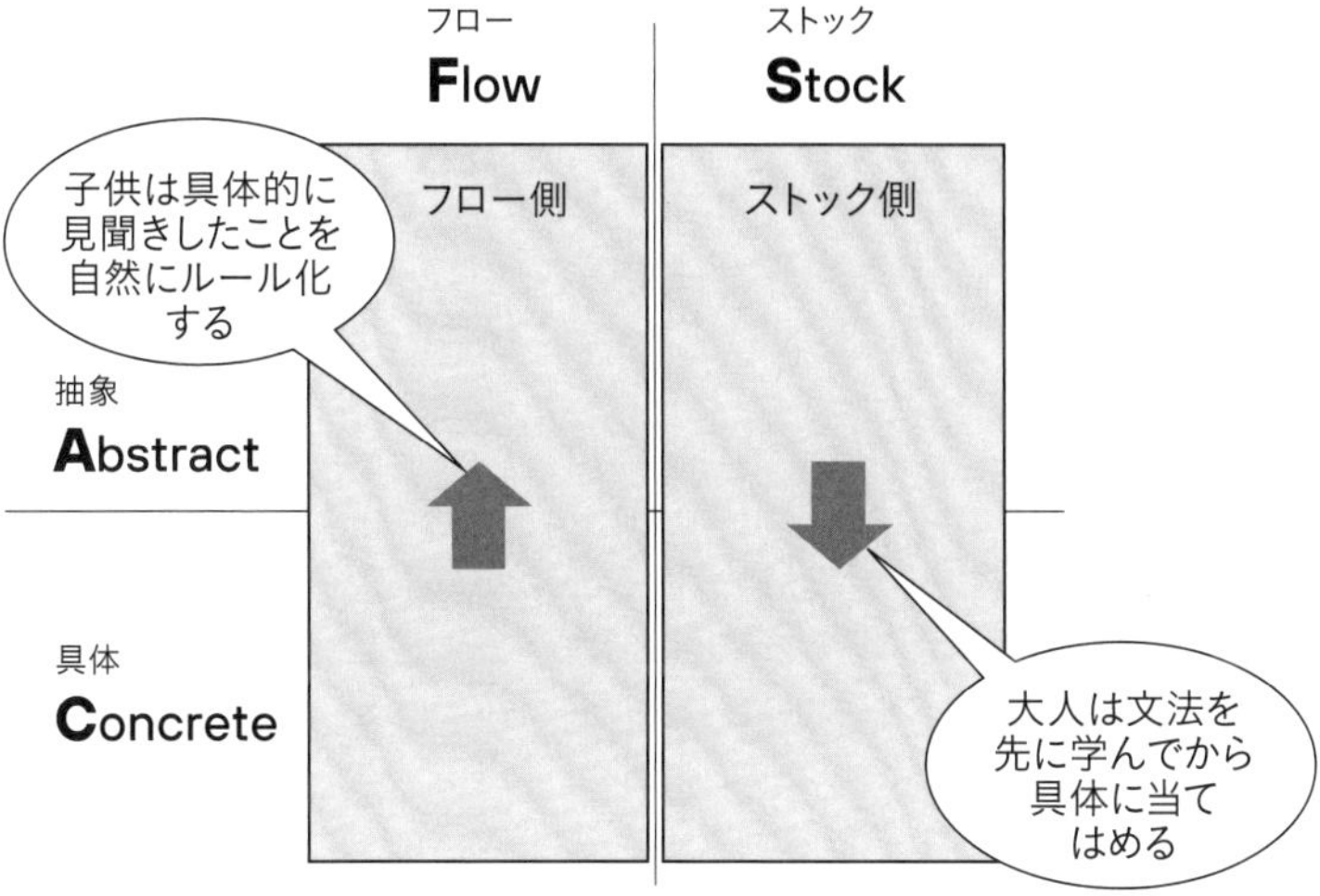

打ちの相手」がいくらでもいるような状況下でも、大人が外国語を学ぶ際には教科書と文法は不可欠です。

これらの違いを「上向き」と「下向き」の違いと合わせて考えると、そこで小さな子供の学びは「具体→抽象」という「上向き」のもので、対する大人の学びは「抽象→具体」という「下向き」のものであることがわかります。

抽象化能力の低い小さな子供は、よくも悪くも「ありのまま」の「フローとしての具体」から頭のなかで暗黙のルール（「フローとしての抽象」）をつくり上げ、言語のルールを学んでいくのですが、いざ抽象化能力を身につけると、この「上向き」のやり方が効率的でないことを理解し、徐々に教科書と文法を使った「下向き」の学習を選択していくのです。

「陰謀論」にとらわれる人の思考回路

第2章で、人間は動物に比べて膨大な抽象の世界をもっていて、「見えない関係が見えている」と述べました。これが自然界や人間社会におけるさまざまな因果関係の解明による未来予測への応用など、多くの領域に貢献してきたことは疑いがありません。

一方で先に「諸刃の剣」という言葉を使ったように、見えない関係が見えるというのは、よいことばかりでもありません。

これが悪い方向に出るのが、さまざまな「偏見」です。偏見については第2章でも一部述べましたが、ここでは先の「下向き」の発想と絡めながら、もう一段議論を深掘りしてみましょう。

そもそも世の中の事象、とくに人間が絡んだ事象の因果関係のほとんどは、「Aが起こったからBが起こった」と割り切れるものではありません。ところが、ほかならぬ人間の「見

図3-17 原因と問題の因果関係

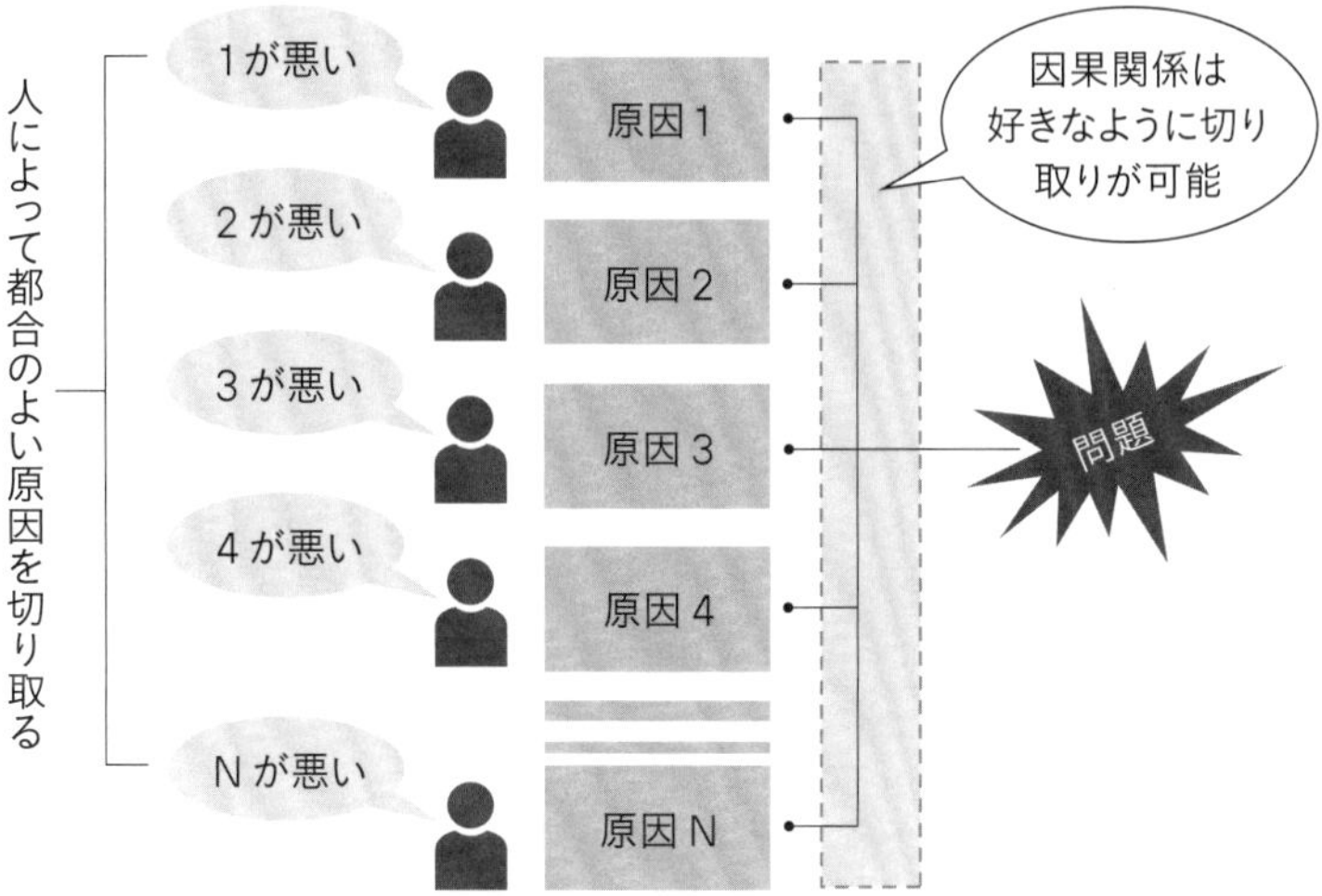

えない関係性を見る」「単純化する」という抽象化能力そのもの、とくに「ストックとしての抽象」の仕業によって、これらが偏見となり、多くのコミュニケーションギャップの原因になるのです。

経済・教育などの政策論や社会問題など、世の中でよく語られる議論でこのような例が散見されます。そこで対処すべき問題はさまざまな要因が連動し合って生じているにもかかわらず、人々は自分の都合のよい因果関係のみを「切り取って」解釈します。

つまり、「○○の原因は××だ」という因果関係が頭のなかのストックとして固定化されているために、「あらゆるものの原因」が特定のものに固定化して見えてしまうのです。

何が起きても「政府が悪い」「あの政治家のせいだ」「マスコミのせいだ」「○○国のせいだ」「秘密結社のせいだ」といったような、いわゆる「陰謀論」にとらわれてしまう人の思考も、偏見のない具体(「フローとしての具体」)に目を向けず、すべてを「ストックとしての抽象」から考えるという「下向き」の思考回路の産物といえるでしょう。

しかし現実的に、問題の真因は複雑な因果関係によって生まれているわけですから、その特定は基本的には不可能で、不毛な対立は終わることがありません。

さらにいえば、「ストック型」思考回路の人は、自分は何らかの「ストックとしての抽象」にとらわれた状態ではなく「ありのまま」の具体を見ている、と思い込んでいます。つまり「フローとしての具体」と「ストックとしての具体」の区別がつかないのですが、逆にいえば、その違いに気づけるのが「フロー型」思考回路だともいえるでしょう。

宗教の教義や企業ミッションの「正体」

このように、見えない「ストックとしての抽象」に支配された「ストック型」の人や集団は、「フロー型」の人から見るとあたかも何かに「洗脳されている」（しかもその自覚がない）かのように見えることがあります。「フロー型」の人や集団にとっては、「ストック型」の人や集団は、外からは見えない共通の抽象概念を信じ、それが固定化されてあたかも確固たる人生の指針が存在しているように思えるからです。

逆の言い方をすれば、為政者のように多数の成員からなるグループのリーダーがやるべきことの一つは、その集団における「ストックとしての抽象」をいかに確立し、すべてのメンバーに浸透させられるか、ということになります。宗教における教義や、企業におけるビジョンやミッション、社会における「常識」などがこれらに相当します。

このような「ストックとしての抽象」を一度インストールされると、「ストック型」の人はリセットすることが難しいので、集団の管理や統制が容易になるのです。

先にも言及しましたが、子供たちに対する教育も、ある意味ではこの延長線上に位置づけられます。なるべく早い時点での「青田買い」によってこうした「常識」を植えつけてしまえば、長期の集団の統制が可能になるからです。

「洗脳」という言葉にはネガティブなイメージがあるかもしれませんが、多かれ少なかれ、この観点は集団を運営するうえでは不可欠かつ王道であるともいえます。

これは見えない「ストックとしての抽象」のみならず、目に見える「ストックとしての抽象」についても同様で、政治や行政の世界であれば、法律や規制などのさまざまなルール、ビジネスの世界であれば、標準プロセスなどの方法論、あるいは社会全般における共通言語などもすべてこれらに相当するといえば、私たちの世界がいかに「ストックとしての抽象」を中心に回っているのかが理解してもらえるのではないかと思います。

「下向き」の発想から生まれる「既成概念」

「既成概念」という言葉があります。これは本書の「ストックとしての抽象」とかなり近い考え方です。既成概念で物事を捉えるということと、ここまでに述べてきた「下向き」の発想には数多くの共通点があります。いくつか例を挙げましょう。

仮想通貨は「通貨」か？「証券」か？

近年、ビットコインを代表とする仮想通貨（資金決済法などでは二〇二〇〔令和二〕年に「暗号資産」と名称変更されていますが、本書では、いまだに用いられることの多いこちらの名称で統一します。

ちなみに、仮想通貨は「通貨」か？「資産」か？という論点の一面は、本書の「フローとストック」の議論につながります）に多くの機関投資家が参入するなど、社会への浸透の度合いは確実に深まっています。このようなフェーズはまさに「CAFSマトリックス」の「フローとしての抽象」から「ストックとしての抽象」への移行期といえます。

この移行期に起きる世の中からの反応も典型的で、「仮想通貨は通貨なのか否か」「仮想通貨は有価証券なのか否か」という議論が行なわれています。

これらはまさに、世の中の多くの人たちが「ストック型」の「下向き」の発想で新しい事象を捉えようとするために起こる現象です。つまり、既存の言葉や確立された概念を用いて新しい現象を説明しようとしているのです。

そもそも通貨とは何か、という定義については、アカデミックにさまざまな理論が提唱されています（もちろん元をたどれば、それも自然発生的に生まれてきた通貨を帰納法的に理論化したものです）。一方で規制当局としても、これが既存の金融商品のどれに相当するのかという解釈の明確化を行ないますが、これも「下向き」の発想の典型例です。

新しい技術や現象が生まれた場合、それらを規制するルールや法律がないために、規制当局はそれまでにある類似の既成概念を新しい事象に当てはめるというかたちをとります。

仮想通貨であれば、それが有価証券なのか、それとも他の金融商品などに相当するのかという解釈をするわけです。

ところが長い目で見た場合、そうした議論にはあまり意味がない、と見なすこともできます。そもそも仮想通貨とは大本《おおもと》にある発想が既存の貨幣や金融資産と異なり、「仮想通貨は（ありのままの）仮想通貨である」という「フロー型」の発想で現象を捉え、新たなモデル化を図ったうえで、これを適切に管理したり規制するルールを創出して（「フローとしての抽象」）、その後、制度化する（「ストックとしての抽象」）ことが必要になってくるのです。

大谷翔平選手は「打者」か？「投手か」？

スポーツの世界で見られる既成概念と「下向き」の発想の例も挙げておきましょう。

二刀流の是非の議論を吹き飛ばして圧巻の活躍を見せたメジャーリーガーの大谷翔平選手について、ここまでに至る過程は打者と投手に関する「二刀流」への賛否の歴史といってもよいと思われます。

「非」のほうの議論で頻繁に見られたのが、打者としても投手としても中途半端になる、というもので、なかでも既成概念を中心とした見解の一つが、打者としての規定打席数（首位打者などの「率」で競うタイトルに関しては、シーズン中の所属チームの試合総数の三・一倍以上の打席数が必要）と、投手としての規定投球回（同様に最優秀防御率などの「率」で競うタイトルに関しては、所属チームの試合数×一・〇以上の投球回数が必要）を満たすことの可否でした。

まさにこれは「打者とはこうあるべき」「投手とはこうあるべき」であることをルール化した既存のルールを、突出した才能をもった選手に当てはめることの矛盾を示したものでしょう。多くの人をまとめて管理するためのルールは、このような特異点には当てはまらないのです。

これが「ストックとしての具体」の限界です。逆に「フローとしての具体」で事象を捉えるなら、「大谷選手が〇〇である」という「ストック型」の「下向き」の発想ではなく、「大谷選手は（ありのままの）大谷選手である」という捉え方で特異点を活かせる新しい仕組み（「フローとしての抽象」）を考えていこう、という発想になるはずです（ただし、現実には大谷選手は「ストック型」思考回路の人が懸念した「高いハードル」を軽々とクリアしてしまうことになります）。

「下向き」の発想とは、衣服でいえば既製服に合わせることを意味します。対する「上向き」の発想とは、さまざまな環境変化（流行、体型の変化など）によって既製服が実態に合わなくなってきたなかで、新しい既製服を考え直していくことと表現できます。

ここで衣服のアナロジーを使ったのは、「上向き」の発想とはオーダーメイドで個別に対応するのではない、ということを明確にする意図も含まれています。つまり「フローとしての抽象」とは、新たな環境に合わせた新しいスタイルやデザインの仮説であり、これが次世代にある程度固定化されるスタイルやデザイン（「ストックとしての抽象」）の原型になっていくことで、「CAFSマトリックス」のサイクルが回転していくのです。

ここには、なぜ多くの人をまとめるために「ストックとしての抽象」が必要かということを考えるためのヒントがあります。誰にとっても好きなようにデザインできて自分好みの服が着られるのは素晴らしいことのように思えますが、実際に「好きなようにデザインしていいよ」といわれても、多くの人は困ってしまうでしょう。

ほとんどの人が既製服を着ている大きな理由の一つは、圧倒的に安いという事情を除いたとしても、「他人が決めたデザインに従っているほうが楽で、『好きなようにデザインしていい』といわれても困る」という心理からだと思います。この心理が衣服に関してのみならず、さまざまなルールや慣習が私たちの社会集団に存在することの根本的な理由になっているのです。

なぜ「巨匠」に人気が集中するのか？

芸術の世界には、巨匠といわれる人たちが存在します。画家、映画監督、俳優、写真家、音楽家、あるいは広義でいえば、小説家のような人のなかにも巨匠がいます。

このような人たちもはじめは下積みからスタートし、「売れない時代」があったわけで、現実には圧倒的多数のそうした「売れない人たち」のなかからほんのひと握りが才能を見出され、さらに、そこでほんのひと握りが「巨匠」のような存在となって、多くの人たちの支持を集めていきます。

このような「限られたトップタレントと大多数のその他大勢」という構図は、ビジネスの世界でも、教育の世界でも多かれ少なかれ起こりますが、とくに万人に理解するのが難しい芸術の世界で顕著であるように見えます。芸術の世界では「大多数」の人が生計を立てるのが難しいことも、この傾向に拍車をかけているのかもしれません。

なぜこのような構図が生まれるのか、ということについても、「ＣＡＦＳマトリックス」でその一面を説明することができます。

ここでまず左下の「フローとしての具体」に当てはまるのは、売れている人も売れていない人も、才能がある人もない人も多くの作品を世に出して、作品や作家が世に溢れている状態です。そのなかで、特定の審美眼をもった「目利き」といわれる人たちが、一部の作品や作家を取り上げます。

この人たちは先入観を排し、よいものとそうではないものを区別して本物のみを高く評価していきますが、この評価基準が「フローとしての抽象」です。これがフローである理由はもちろん、こうした評価基準は時代や評価者によってさまざまに変化し、固定的ではないからです。

ここから先が芸術ならではの話になっていきますが、理解が難しい芸術について専門性のない世の中の多くの人たちは、その評価を一部の専門家の評価に委ねます。「○○さんがよいといっているから」「○○派の芸術にはこういう理論的な背景があるから」など、一部の専門家が確立したものの見方（これが「よい悪い」の「線引き」がされているという点で、「ストックとしての抽象」です）に自らの判断を依拠することで、無数の芸術作品を先入観をもちながら見ることになるのです。

こうして固定化された評価が確立した世界における多数の作品群が、「ストックとしての具体」になります。ここでは「ストックとしての抽象」によって醸成された「○○の作品は素晴らしい」という先入観が、世界を強力に支配します。このような見方をする人が芸術では圧倒的に多いために、「理解や評価が万人に難しいものは一部に人気が集中する」という構図になるのです。

次章では、これまで縷々《るる》述べてきた本章のさまざまな議論を踏まえたうえで、いよいよこの「CAFSマトリックス」をサイクルとして動的に動かし、時代の先を読むときに必要とされる普遍的な法則を論じていきます。

第4章

「CAFSマトリックス」を回して未来を読む

サイクルとしての「ＣＡＦＳマトリックス」

いよいよ本章では、「ＣＡＦＳマトリックス」をサイクルとして捉え、世の中がいかにそのマトリックスの各領域を時計回りに、具体と抽象のあいだを変移していくか、という議論を展開していきます。

イメージを摑みやすいように、まず日常生活で一つ例を挙げます。何度も例に出した部屋の整理整頓という行為を考えてみましょう。

最初は「散らかった部屋」から始まります。本来であれば、何もないところからモノが増えていくということになりますが、この例ではある程度モノが揃っていて普通に生活をしている(しかし、まだ整理整頓はしていない)という状態をスタート地点とします(図４－１)。

この混沌状態を見て、多くの人は整理しようという気持ちになり、整理の仕方を考えはじめます。整理とは基本的に「同類のものをまとめる」ことになるので、これは抽象化そのものです。

さらにフローの世界、つまりある片づけの瞬間だけではなく、この整理を定着させるために、人はその状態をキープする収納の分類を考えたり、棚を用意したりなどします。こ

図4-1 部屋の整理整頓のサイクル

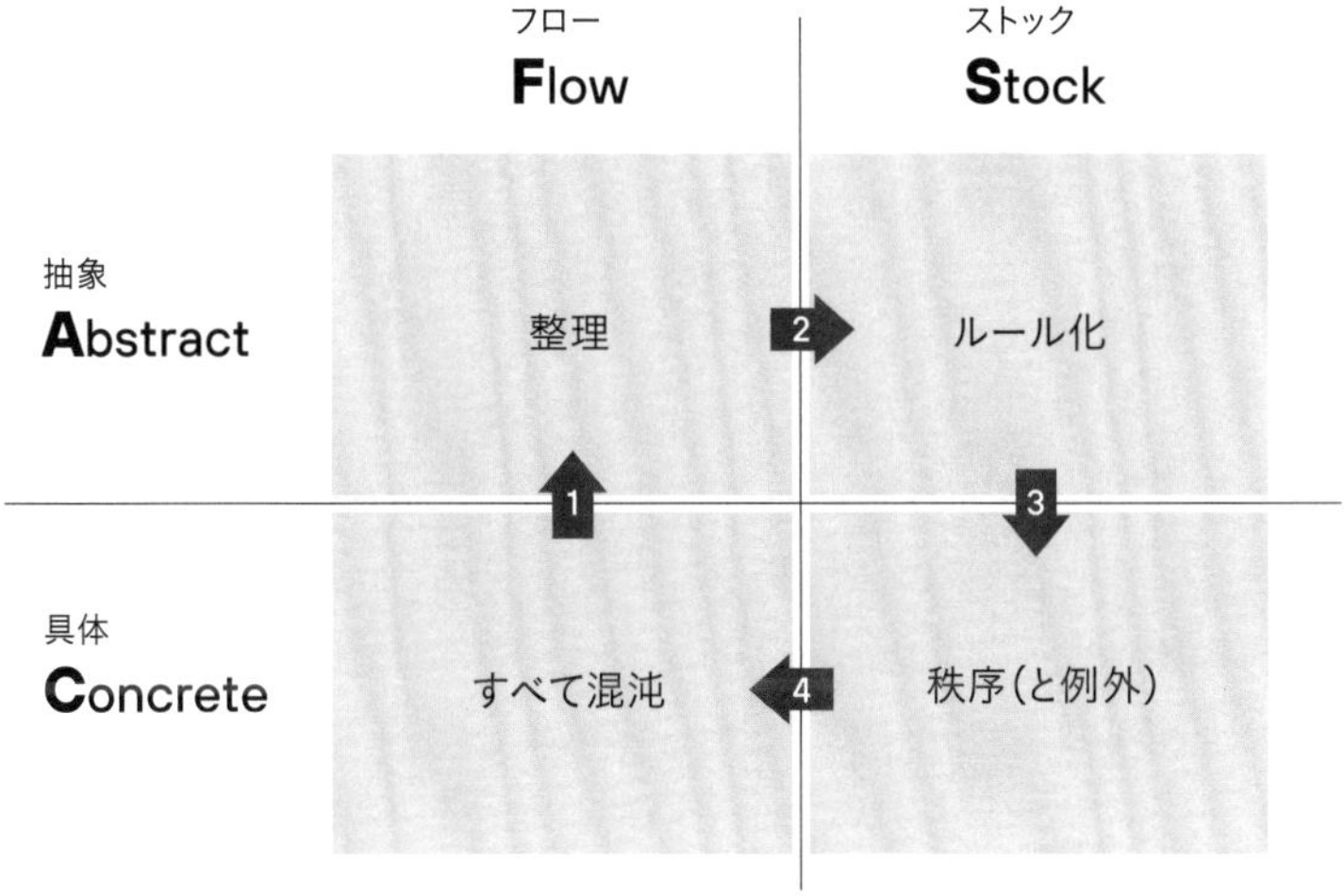

れが「ストックとしての抽象」、つまりルール化に相当します。

「棚」が用意されたことで、その後の整理整頓は、しばらく安定的に進行します。結果としてある程度の期間、秩序が保たれます（「ストックとしての具体」）。しかし、この状態も永久に続くわけではありません。ライフサイクルの進展による持ち物の変化などによって、一度決めた整理方法ではうまく整理できないもの（例外事項＝アノマリー）が徐々に増えてくるからです。その結果として整理できないものが出てくることで、一部が再度、混沌へと向かいます。

こうして「棚に入り切らないもの」（アノマリー）が蓄積されてきたところで、「大掃除」の必要性が高まってきます。そこでは収納棚に収納されたすべてのものを一度棚卸しして、新たな整理方法を考えねばなりません。

そこで再度、フローの世界での再整理が始まります。新たな収納棚を買ったり収納の分類方法を再考したりすることで、根本的な整理方法を変えたうえでゼロベースで試行錯誤してもう一度整理を行ない（ここまでがフロー側の作業）、さらにその試行錯誤からベストであると判断された整理の仕方（「ストックとしての抽象」）が再び、新しいライフスタイルに応じて確立されていきます。

部屋の整理の話は世界を「ＣＡＦＳマトリックス」で眺めるという話から距離があるように思われるかもしれませんが、知識を蓄積していくということは、身の回りで起こっているさまざまな事象を「整理してまとめて引き出しにしまっておく」という行為に似ています。すなわち知的な整理というわけです。

「ルール」が成立し再検討されるサイクル

続いて考察の範囲を集団に広げていくことで、「ＣＡＦＳマトリックス」を通して見えてくる世の中の流れに目を向けてみましょう。ここでは人間が集団生活を営むうえで必須となる規則やルールがいかに固定化し、社会に浸透したあとにそれが次の世界への障害となっていくのか、ということを述べたいと思います。

似たような例を前章でも挙げているので既視感があるかもしれませんが、ここではよりその「サイクル」に注目して、議論を展開していきます。

まずは、ルールがどのようにして生まれてくるのかを考えてみましょう。そもそも何もルールがない状態からスタートするものと、旧来からのルールが存在するが、社会の動きがそれに合致しないものとなっているという二つのパターンがあるように思いますが、いずれにしても具体レベルで何らかのルールが求められる状況が生まれているとします。

一つ目の、何もルールがない状態からのスタートについては、新しい技術が登場すると(たとえばドローン)、人々がその便利な使い方を考えはじめる、というような状況をイメージしてもらいたいと思います。

そこで人々は、家の近所や仕事の場面などで好き勝手にドローンを使いはじめます。最初こそドローンの数が少ないからよいものの、そのうち多数の人がいる公共の場でドローンを飛ばして怪我人が出るなど、他者に迷惑がかかるような事象が発生します。この状態が、左下の「フローとしての具体」です。

そこで「これこれの場所で、これこれのことをしてはいけない」という何らかの「線引き」が求められ、実態に合わせて「飛ばしてよい場所」と「飛ばしてはいけない場所」、「やってよいこと」と「やってはいけないこと」の分類といったかたちでのグルーピング＝抽象化が行なわれます。

このルール化へのさまざまな試行錯誤や提案出しが行なわれるのが、左上の「フローとしての抽象」の状態です。

そこである程度の「線引き」のコンセンサスが得られたなら、それが法制化のようなかたちでルールとして明文化され、制度として施行されていきます。これが右上の「ストックとしての抽象」が確立された状態です。そのルールに従って実際の社会への適用が行なわれていくのが、右下の「ストックとしての具体」の状態といえるでしょう。

こうして導入されたルールは当面、ドローンの利便性を活かしつつ、人々の危険、リスク、不安などを解消して機能しますが、そのうちにドローンそのもののさらなる普及や技術的進歩などに伴って、当初のルールでは収まらない部分が出てきます。

たとえば、当初に比べて技術面やユーザー意識の向上などにより、飛躍的に安全性が向

図4-2 ルールの改廃のサイクル

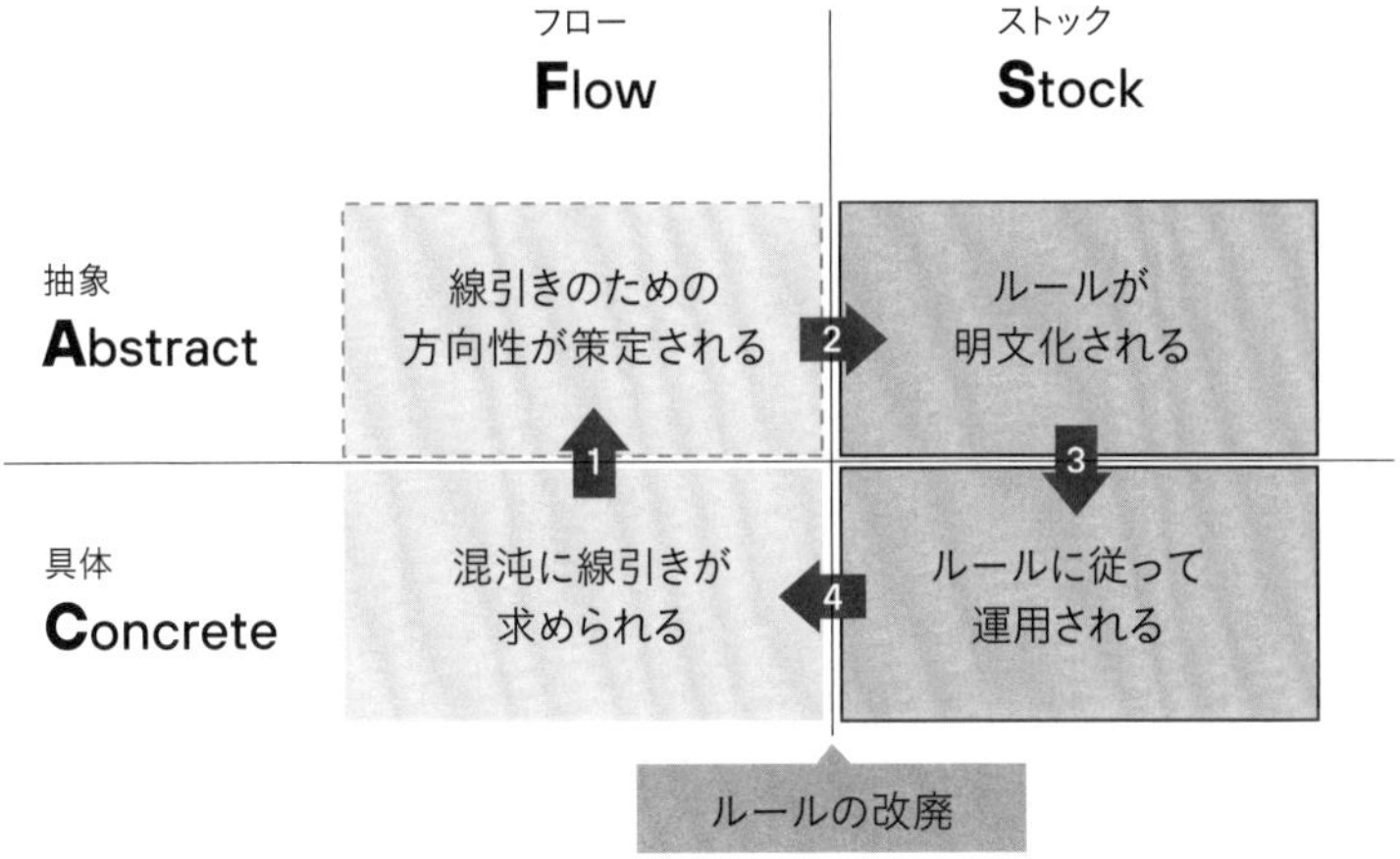

上したにもかかわらず、基本的にドローンは危険という前提で制限が加えられているため に利便性の向上の妨げになっている、逆に犯罪などへの悪用が増えてきて、新たな規制が必要になっている、などが例になります。

これが前章以前にも言及し、本章でものちに詳述する「歪み」が生じた状態であり、そうなると、いまのルールをゼロベースでリセットして、新たなルールを策定する必要が生まれてきます。

そこでまたマトリックスが振り出しに戻り、新たなサイクルが回転していくわけですが、この状態が先に述べた二つ目のパターン（すでにあるルールに問題が生じた場合）ということになります。

ドローンのみならず、これは集団生活でのほとんどの規則やルールに当てはまる構図です。一般化するならば、

- 世の中の変化によって、集団からはみ出して秩序を乱す何らかの事象を制限する必要が生まれる。
- そのためには、何らかの「線引き」（ここまではＯＫだが、ここから先はＮＧなど）が必要となる。
- そうした「線引き」＋制限をルール化して、人々に普及させる。
- しばらくのあいだはルールが有効に機能し、集団生活がスムーズに進行する。
- 時間の経過とともに世の中が変わり（技術革新や人々のライフスタイルの変化など）、先に定めたルールがうまく適用できない場面、理に適っていない場面が出てくる。
- 世の中の状態に合わせて新たな「線引き」が定義され、そして新しい様式として定着していく。

という流れがあるといえるでしょう。

各象限間の「動的」な移動を整理する

「CAFSマトリックス」のサイクルのイメージをおおよそ摑んでいただいたかと思いますが、ここであらためて各象限間の「動的」な移動にスポットを当て、各象限の特徴を踏まえながら整理しておきます（図4－3を見ながら読み進めてください）。

1の変化（「フローとしての具体」から「フローとしての抽象」へ）

これは第2章で解説した「抽象化」です。人間は身の回りで起こっている具体的な事象を抽象化によってグルーピングし、「線引き」して解釈や理解を進めてきた、と述べました。その際に「頭のなかで起こっていること」の多くの部分がこの抽象化に相当します。

それがフローで起こっているということは、まだそれが確たるストックにはなっておらず、個人の思考という頭のなかの現象である、ということです。

2の変化（「フローとしての抽象」から「ストックとしての抽象」へ）

これは、抽象がフローからストックへと変わる過程です。思考からその出力としての知識に変化していく段階ともいえます。

1で述べたとおり、フローの状態は頭のなかにあるだけなので、その存在を認知するのは難しいのですが、それが言語やルールというかたちで表現されることで、ストックとして時空を超えて扱うことができます。

これまでに何度も述べてきたように、フローがストックになるタイミングは、さまざまな仮説が何らかのかたちで実証され、定説へと変化する場合や、長い年月をかけて事実上の定説になっていくなどの場合です。いずれにしてもストック化されるということは、フロー状態の仮説が空間的にも時間的にも「人口に膾炙《かいしゃ》した」状態になることを意味します。またある場合には、ルールや規制といったかたちで、権威ある個人や組織からトップダウンで与えられる場合もあります。

抽象が「フローからストックに変わる」というプロセスは、私たちの日々の生活の変化、ひいては人類の歴史上のさまざまな変化に対して「CAFSマトリックス」の他の三つの変化に比べても、特別な意味をもっています。

なぜなら第2章で述べたように、フローからストックへの変化は、それが一時的ではなく永続的になる、そして少数の人から圧倒的に多数の人に広まり、空間的にも広がりをも

図4-3「CAFSマトリックス」の「動的」な移動

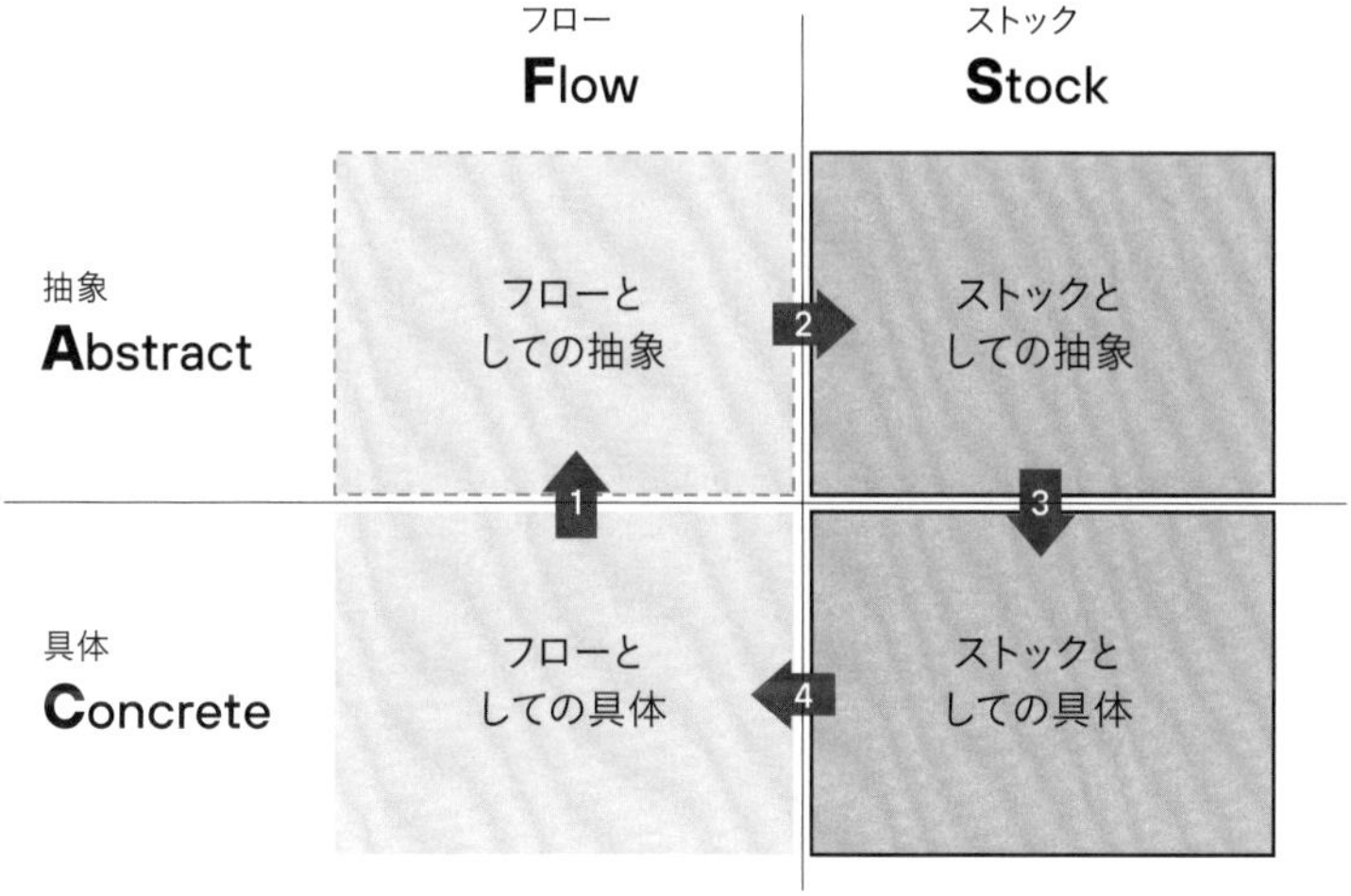

つという抽象の特徴が確たるものとなるからです。

あるいは動物の世界がほぼフロー（としての具体）の世界のみから成り立っているのに対し、人間ならではのストックの世界への移行となっている点においても、重要なプロセスといえるでしょう。

また、この段階の変化の特徴として、新たな抽象を生み出した人やグループは、一世代前の「ストックとしての抽象」を確立した人やグループからの抵抗を受けることになります。これは時に「変化」や「迫害」というかたちに近いものになったりもしますが、これが多くのイノベーターが経験する苦境の原因です。

3の変化（「ストックとしての抽象」から「ストックとしての具体」へ）

続いては2で生成された「ストックとしての抽象」が具体に当てはめられた状態です。たとえば、さまざまな言語に適用される「文法」は「ストックとしての抽象」に相当しますが、私たちの生活において文法はこれ単体で存在するわけではなく、それが日々の言葉に適用されることではじめて、実際の生活に活かされることになります。

さまざまな規則やルール（たとえば六法全書）も同じように、日常生活に当てはめてはじめて、実際の活用につながります。さらにいえば、必ずしも明文化されていない「不文律」も、本書の定義する「ストックとしての抽象」ということになります。

「CAFSマトリックス」の右下の「ストックとしての具体」は、「抽象とセットになった具体」とでもいうべきもので、実際に目に見えるかたちを担っているのは具体ですが、そこにさまざまな抽象による「縛り」が付随している状態であるということは、前章で述べたとおりです。

4の変化（「ストックとしての具体」から「フローとしての具体」へ）

最後は「『ストックとしての具体』から『フローとしての具体』へ」という変化です。「ス

図4-4 ストックからフローへの転換

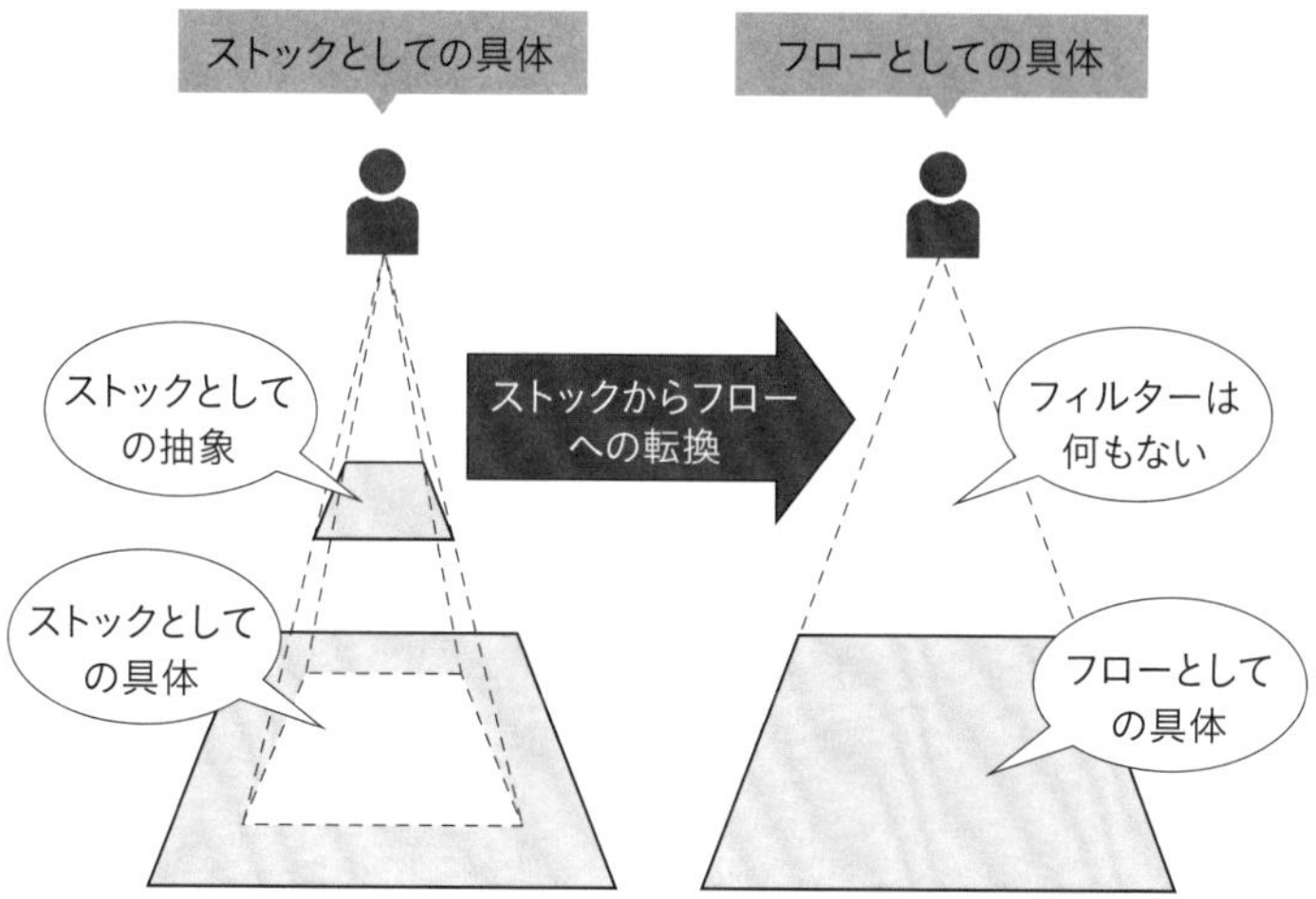

トックとしての具体」では、本来はフローである具体が「ストックとしての抽象」によって「保存可能」な状態に固着されています。これがフロー化するということは、その固着状態が解かれて本来のフローの状態に戻るということです。

抽象とは人間の頭のなかにある言葉やルールなので、この変化とは簡単に表現すれば、「常識にとらわれない」「旧来の慣習を打ち破る」などに相当します。

たんに偏見（その多くは「ストックとしての抽象」からもたらされます）をもって物事を判断しないことにつながるのが、この変化です。再びストックからフローの領域に入ってくるという点で、このプロセスは多分に

「フロー型」思考の人の頭のなかで起こるものといえるでしょう。

別の表現を用いるなら、この変化はイノベーターといわれるような社会の変革者や、新しいコンセプトを打ち立てるオピニオンリーダーの頭のなかをプロセスとして可視化したものといえるのかもしれません。

人間の学びのサイクルとアンラーン

右記を踏まえたうえで、あらためて「CAFSマトリックス」をサイクルと捉えたとき、この法則にさまざまな事例を当てはめることで世界の先がどう読めるのか、という点について、ここからは人間の学びから企業の栄枯盛衰まで、例を挙げつつ述べていきます。

人間の成長に伴う学びは、このサイクルでどのように回転するのでしょうか。第3章では「上向き」と「下向き」の違いとして捉えた段階ごとの学びの方法の違いを、ここではさらに人間の一生になぞらえてサイクルとして考えていきます。

まず、個人の経験から得られる学びでは、「フローとしての具体」である日々の行動を試行錯誤しながら一般化してパターン化し（「フローとしての抽象」）、それを「経験則」というか

図4-5 アンラーンとは何か

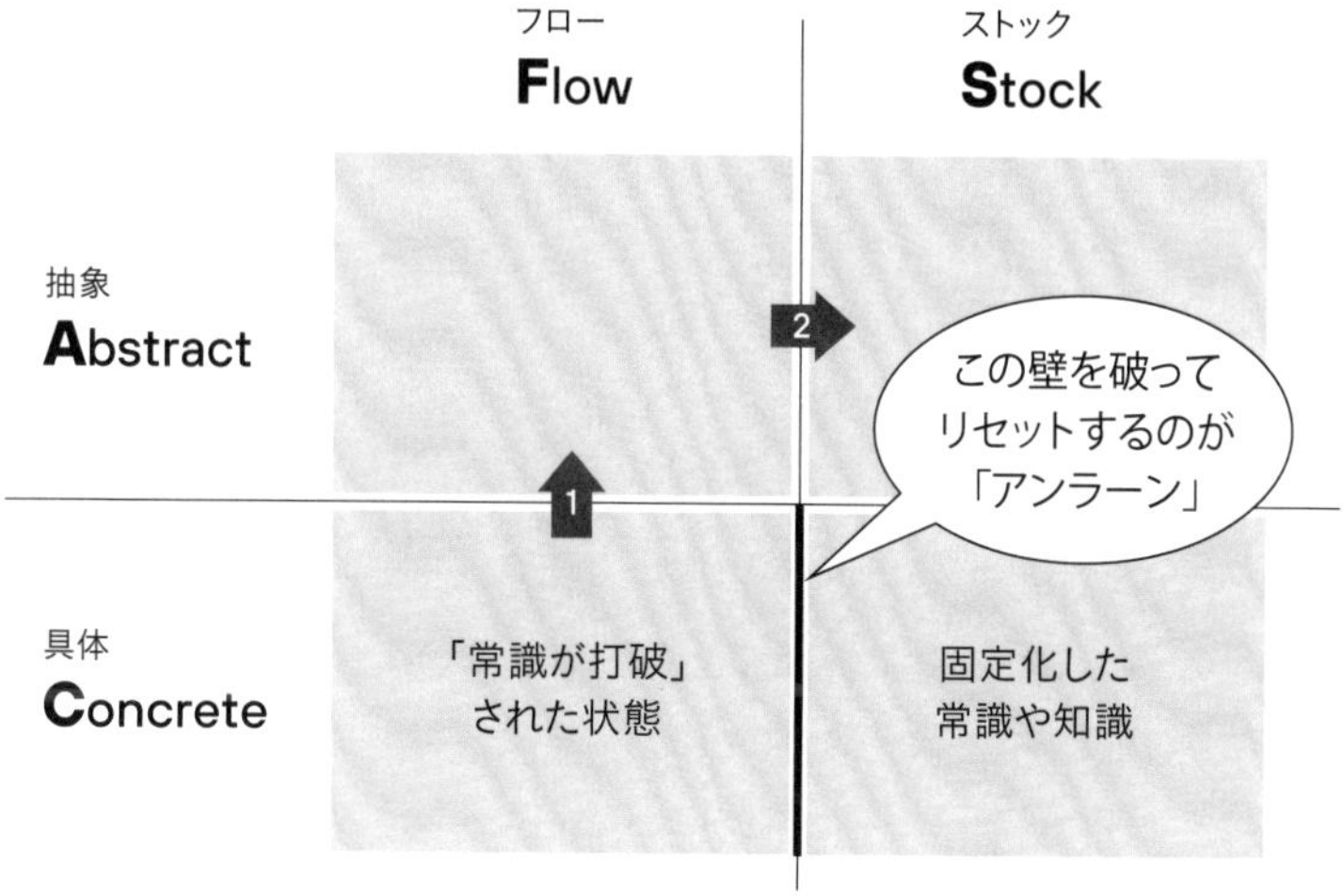

たちで知識として定着化させることでストックへと変えていきます。

こうして「勉強が中心」の学生時代ではストックとしての知識を蓄積し、社会に出てからはこれを日々の生活としての具体に当てはめることで、仕事やプライベートなどの社会生活を営むことに活用していきます（「ストックとしての抽象」）。

しかし、社会人としての経験が長くなってくると知識が固定化していき、いわゆる「頭が固い」といわれる状態になっていきます。そこでは時代の流れや変化とともに最新の実態とのギャップが生じ、若年層と壮年層、高齢者層の世代間ギャップとしての「歪み」などとして顕在化します。

第3章において、人は年を重ねるに従い、フロー側の「上向き」の学習からストック側の「下向き」の学習へと傾向が変わっていく、と述べました。しかし大人になってもある程度のフローの機能が思考回路に残っていれば、一度リセットをかけることで新たな抽象化を行なって、新しいストックとしての知識へとアップデートが行なえます。

第1章で述べた「フロー型」思考回路と「ストック型」思考回路とは、ある人が完全な「フロー型」、ある人が完全な「ストック型」といっているのではなく、同じ人間のなかでも場面によって双方の側面を有していることがほとんどです。どんな人でも多かれ少なかれ、一生のなかでは新しい考え方や価値観へと部分的なアップデートが行なわれますが、これが思考回路のリセット、アンラーンと呼ばれる状態です(図4－5)。

知識はいかに生まれ、更新されるのか

人類の知識がどのように生まれ、蓄積されて更新されていくのかというライフサイクルも、「CAFSマトリックス」のサイクルによって説明することができます。

人類が何らかのかたちで生活上の知恵を蓄積するためのベースとなるのは、日々の経験

です。そこで人々は、習慣的な知恵を習得していきます。

たとえば、どのようなキノコが食べられて、どのようなキノコに毒があるのか、あるいは、どのような魚がおいしく、どのような魚がそうでないのか、などの知恵を「フローとしての具体」の海から仮説として学んでいくのです。

こうした仮説による試行錯誤が行なわれるのが「フローとしての抽象」です。そこで得られたある法則やルールは個人の知恵となり、それが共有されて集団の知恵となり、さらに紙や印刷、ひいては通信やインターネットといった技術によって時系列で継承されて人類の英知として蓄積され、空間的な広がりを見せて世界中に共有されていきます（「ストックとしての抽象」）。

このような知識が共有されれば、一定期間はこれらの知識をフル活用することで人々の生活は豊かになり、より健康で文化的な暮らしが営めるようになります（「ストックとしての具体」）。

しかしその後、さまざまな環境変化や技術革新によって現在の法則やルールが当てはまらない現象が起こり（「ストックとしての具体」の歪み）、そこで新たに一部の革新的な政治家や起業家が、それに合致するようなルールや仕組みを試行錯誤しながら生み出すことで、次のフェーズの兆しが芽生え、新しい時代がもたらされるというサイクルが回っていくのです。

いかなる組織も逃れられない「栄枯盛衰」

組織のライフサイクルにも、同じような「栄枯盛衰」があります。人が三人集まればグループや派閥ができるといわれますが、「まとめて同じ」と扱う抽象化の発想は、個別事象のみならず、その対象を人間にしたときにも同様に当てはまります(図4－6)。

むしろ、「群れる」という人間の習性と「まとめて同じ」と扱う抽象化の発想は、「鶏と卵」の関係なのかもしれません。「群れる」という行為は集団を形成することで人間にとてつもない力をもたらした一方、争いが大規模になるという点では莫大な負の影響も与えました。

左下の「フローとしての具体」では、個人がバラバラの状態です。とくにグループという意識はないものの、自然に似たような人が集まって同じ目的に向かって一緒に行動するようになります。

図4-6 組織のライフサイクル

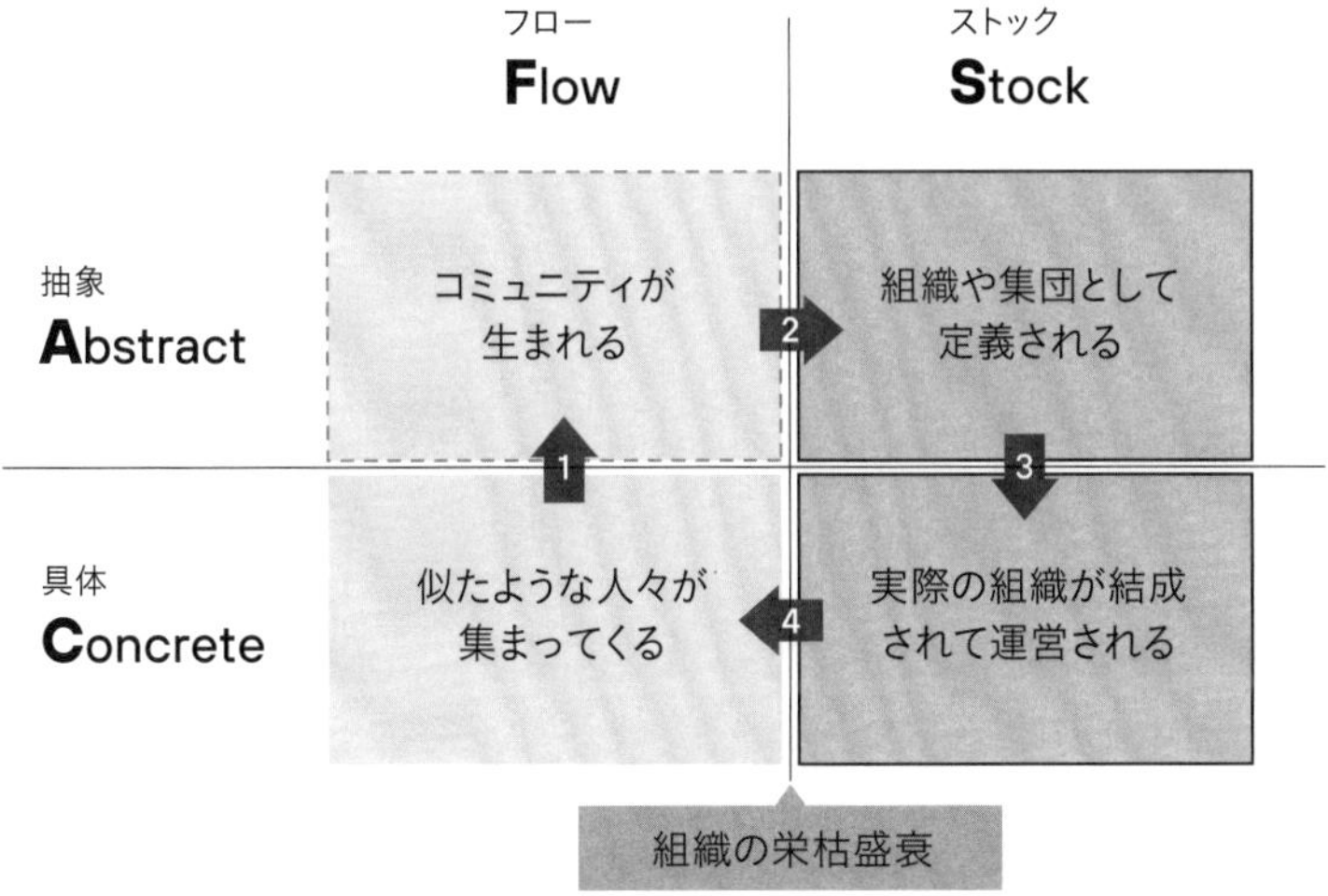

そのうちに特定のグループとして認識され、さらに名前がついたり、組織化されたりするようになります。

「名前がつく」と表現しましたが、このプロセスはまさに「言葉が生まれる」というプロセスに似ています。

言葉という抽象化も類似の個別のものが集まってその共通点に名前がつけられるかたちでグループ化、カテゴリー化されているわけで、名前とグルーピングは表裏一体であり、これはあらゆる抽象化で観察される現象です。

そこで組織に名前がついた瞬間が、「ストックとしての抽象」になる瞬間とほぼ同時であるといえます。この時点で各個人は

「グループメンバー」というかたちで、「ストックとしての具体」として認識されるからです。

もちろん、こうしたグループが長期にわたって固定化されることは少なく、さまざまな環境変化によって「線の引き直し」が行なわれることは、会社組織や政党の変遷を見てもおわかりのことかと思います。

サイクルから見たイノベーションの本質

第3章で、イノベーションは主に左側のフローの領域で起きると説明しました。そこではマトリックスの左がイノベーションで右がカイゼンあるいはオペレーション、と単純化して説明しましたが、もう少し正確にいうと、このイノベーション自体もサイクルとして捉えることができます(図4－7)。

まず、フロー側の領域です。こちらがイノベーションの「主戦場」であることに変わりはありません。

人々の困りごとを抽象化して、それを解決するためのビジネスモデルや製品コンセプトを試行錯誤するという、いわばイノベーターの思考回路がこの領域です。

図4-7 イノベーションのサイクル

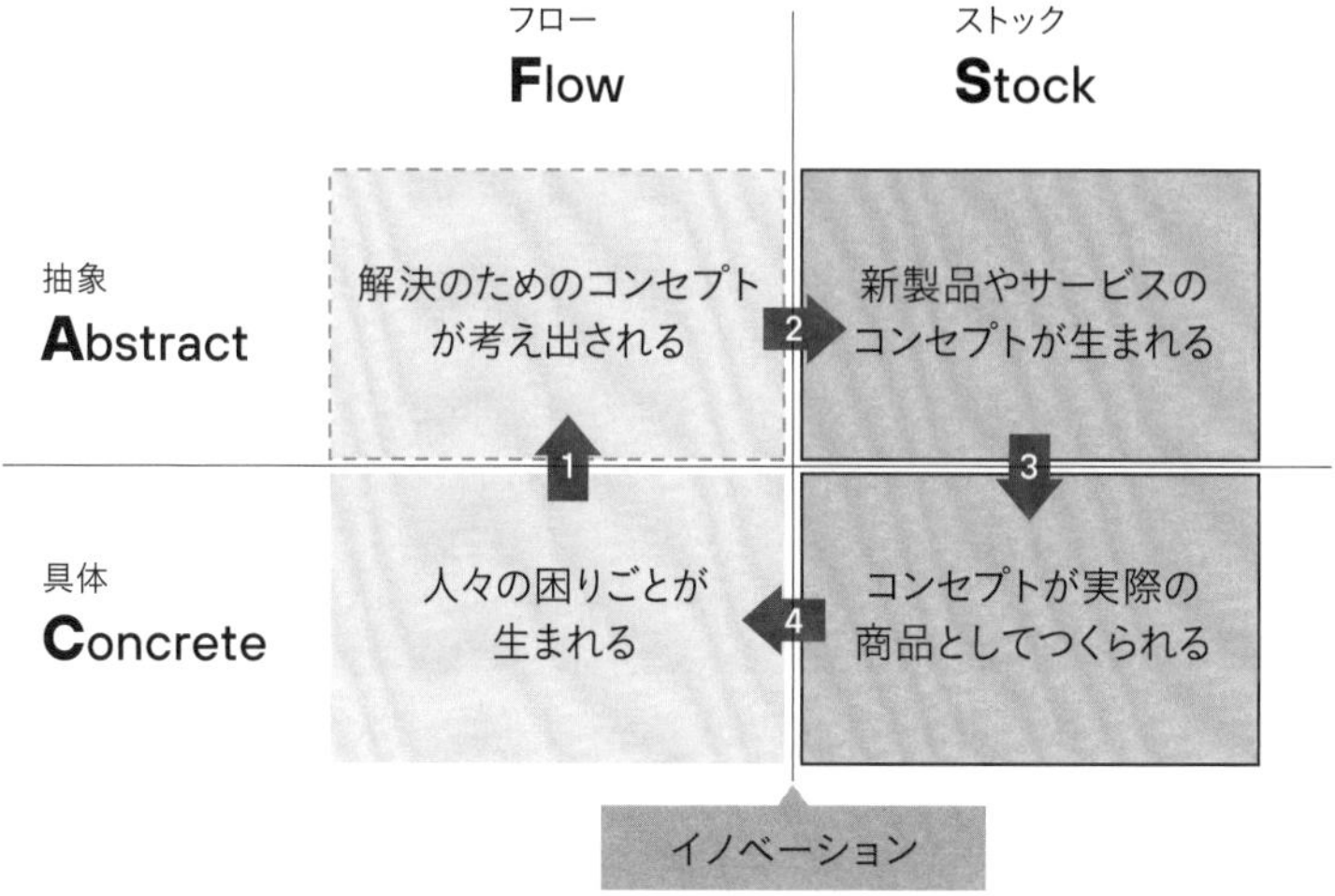

その後、そこである程度検証された仮説がサイクルとしてストック側の領域に移行していくのですが、そこでは本格的に市場投入された商品が量産されるようなかたちになります。

その製品やコンセプト、あるいはブランドが認知されて人々のあいだに浸透するタイミングで、それがストックになっていくのです。

そうしてしばらくのあいだは顧客ニーズに応えていた製品やサービスも、時間とともに移ろいゆくニーズから乖離していったとき、そこでまた新しいコンセプトが生み出され、新たなニーズに対応していくということが、次のイノベーションサイクルだ

図4-8 自然科学の進化のサイクル

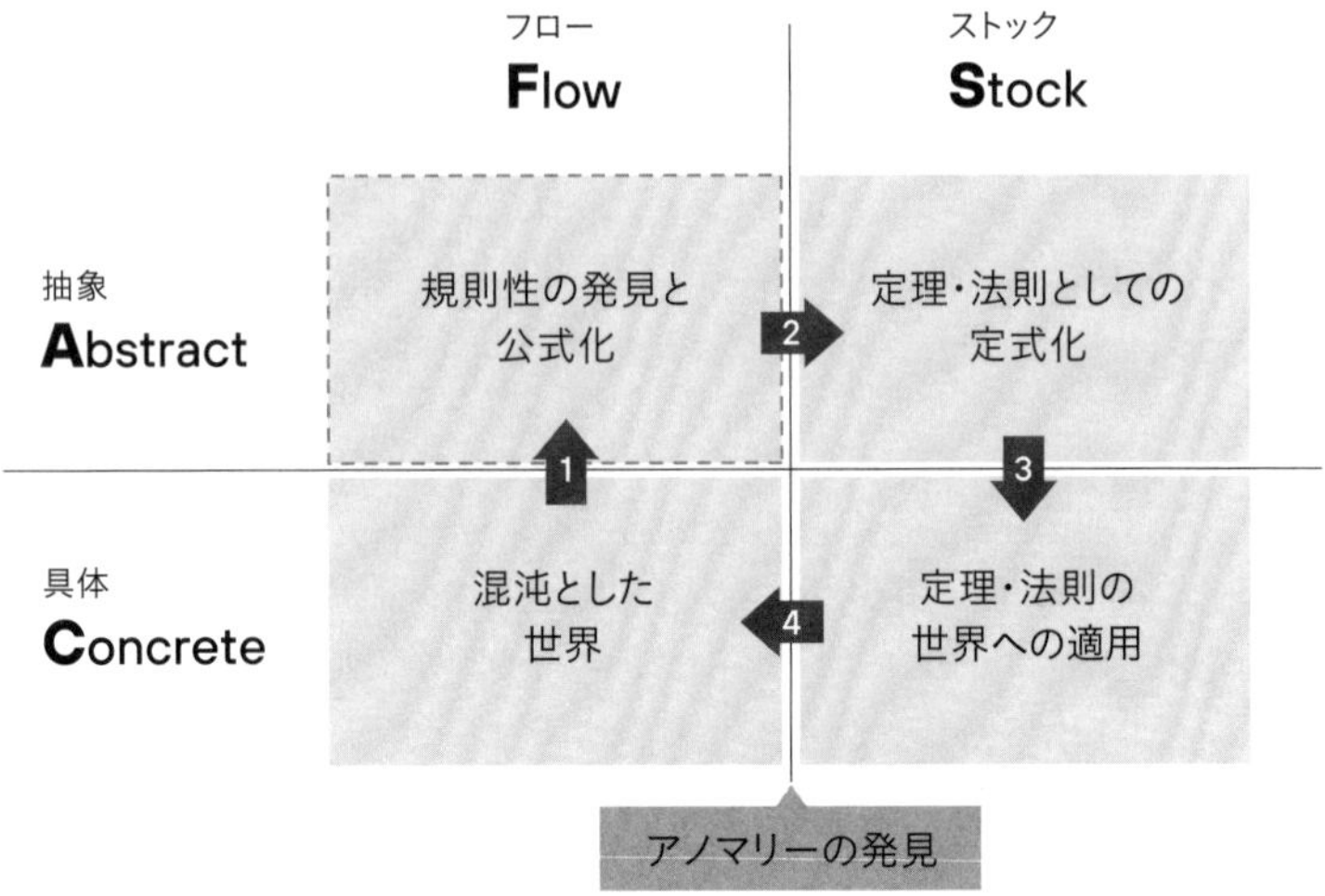

といえます。

また、科学的知識の代表としての数学の定理や物理の法則などの進化も、「CAFSマトリックス」のサイクルで説明できます（図4－8）。

左下の「混沌」は、まさに「ありのまま」の自然です。自然界にはさまざまな事象が存在していて、一見すると秩序はありません。しかし、自然科学の学者はそこに何らかの法則性を見出して抽象化することで、仮説としての理論化を試みます（「フローとしての抽象」）。

さらにこの仮説が検証され、一般に認知されて公式化され、知識として記録されることで「ストックとしての抽象」へと変化します。

こうして抽象が一度固定化されると、それが右下の象限で再び具体への適用となって展開されていきます。その後はこれまでの例と同様、その法則では説明できないアノマリーが現れ、それがまた次のサイクルにおける新しい法則への発見となって展開されていきます。

ガリレオ・ガリレイが唱えた地動説という考え方があります。それ以前の世界にあったのは、「太陽をはじめとするすべての天体が地球を中心にして回っている」という人類の経験則(天動説)でした(「ストックとしての抽象」)。

しかし、そこでガリレオは望遠鏡を用い、木星の周りを回っている衛星を発見しました。これが「地球がすべての中心である」ことのアノマリーであり、地動説のヒントになったのです。

マトリックスと「歪み」のメカニズム

こうして多くの具体例を見るにつけ、あらためて「CAFSマトリックス」をサイクルとして駆動させる原動力とは何か、ということが、理解いただけたのではないかと思います。

「ストックとしての具体」における「歪み」こそがそれですが、もう少し正確にいうと、この歪みには二つの種類が存在します。

一つ目は、抽象化が宿命的にもっている単純化による歪みです。第2章で説明したように、抽象化とは都合のよい特徴だけを切り取ることなので、具体の状態の枝葉を切り捨てるなかで、そもそも何らかの歪みが生じることになります。

たとえば「グレー（これにもいくつかのグレーがあるとします）」という現実の具体について、それを含む抽象化の過程で単純化が必要とされ、そこで全体が白か黒かという「線引き」が行なわれたとき、いくつかのグレーのそれぞれが白か黒かのいずれかと認識されれば、実態と名前とのあいだには当然ながら「歪み」が生じます（図4－9）。

集団を管理・統制するために必要なルールなどでは、こうした事態が頻発します。たとえば、何かの補助金を出す場合には、対象者と非対象者を分けることが必要です。そこで「ほんとうに補助金を必要としている人」と「なくてもなんとかなる人」の境目が明確に分けられればよいのですが、そのような「線引き」は極めて困難です。

図4-9 抽象化がもたらす単純化による「歪み」

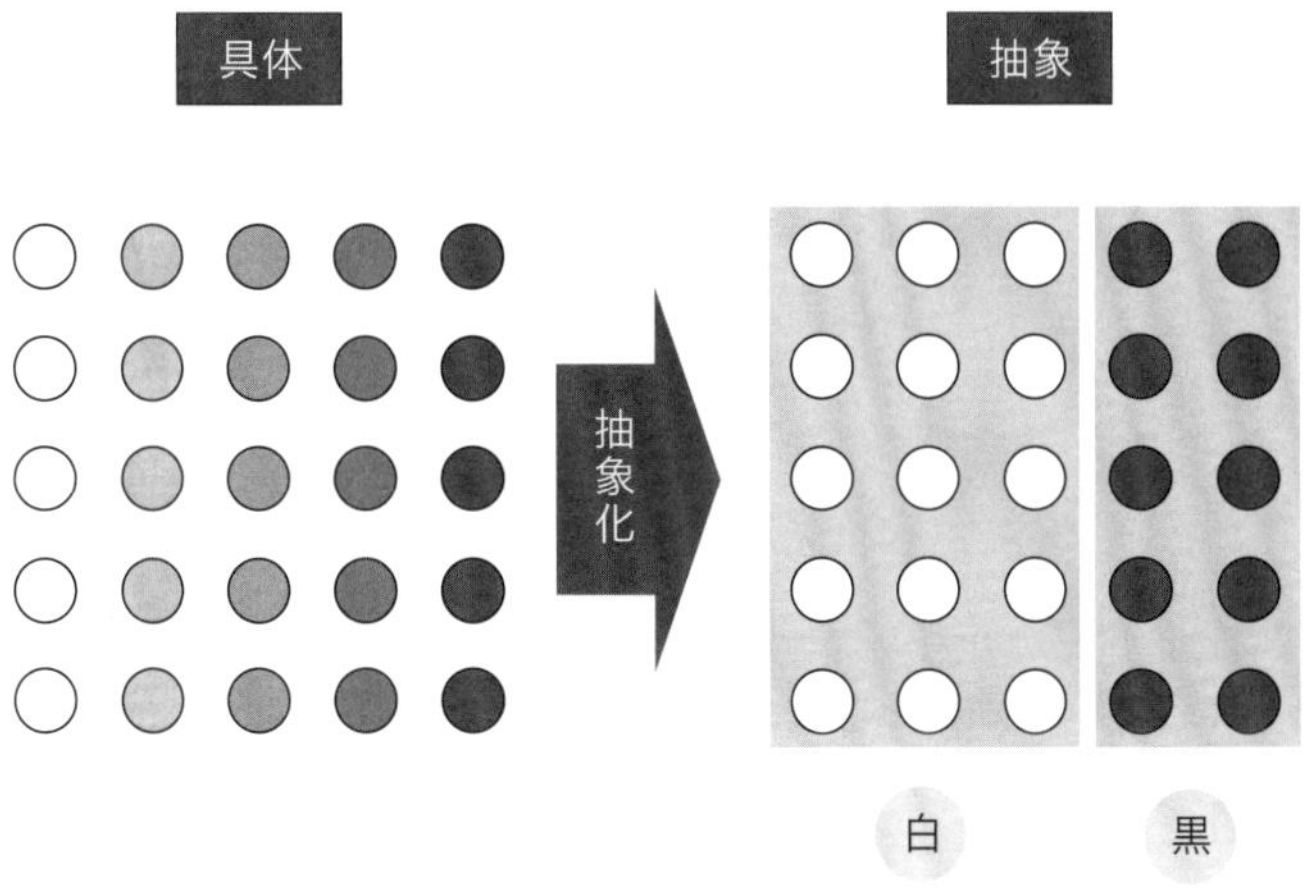

同じ年収でも、家族構成や居住地、仕事内容によって「困窮度合い」は異なりますが、集団を管理するうえではドライな考え方が求められることになります。

その結果、「年収〇〇万円以上か、未満か」「年齢〇〇歳以上か、未満か」などの機械的な「線引き」を行なうことで、「ほんとうに補助金を必要としているのにもらえない人」と「あまり困っていないのにもらえる人」が出現する「歪み」が発生するのです。

この「所得制限」「年齢制限」を筆頭として「速度制限」「利用頻度制限」などで起こる歪みは、ほぼこれと同じ構図だといえるでしょう。「線引き」がそもそも宿命的にもっている「歪み」ともいえるのかもしれません。

時間の流れとともに生じる「歪み」

二つ目の歪みは、動的な歪み、つまり時間の流れとともに生じる歪みです。これまでにもさまざまなかたちで説明を加えてきましたが、ここでは時間軸とともにそれを図式化してみます（図4－10）。

この歪みに目をつけ、新たな枠組み（という抽象概念）を再定義することで歪みを解消し、次のフェーズへと世の中を動かしていく人たちがイノベーターでした。ここでいうイノベーターは、新たな政権をつくり出す政治家や為政者、ビジネスの世界における起業家、スポーツや芸術・芸能の世界で既存の枠組みにとらわれずに新しい時代を築いていくアスリートや作家たちまで、あらゆるジャンルに存在します。

彼らは「フロー型」思考回路を駆使しながら、「ＣＡＦＳマトリックス」を次の世代へと導いていくのです。

古くは紀元前のギリシアの時代、ピタゴラスは代表的な数学の定理である「三平方の定理」を考案しました。

三平方の定理、あるいはピタゴラスの定理とは、直角三角形の三辺のうち、二辺の長さ

図4-10 抽象化がもたらす動的な「歪み」

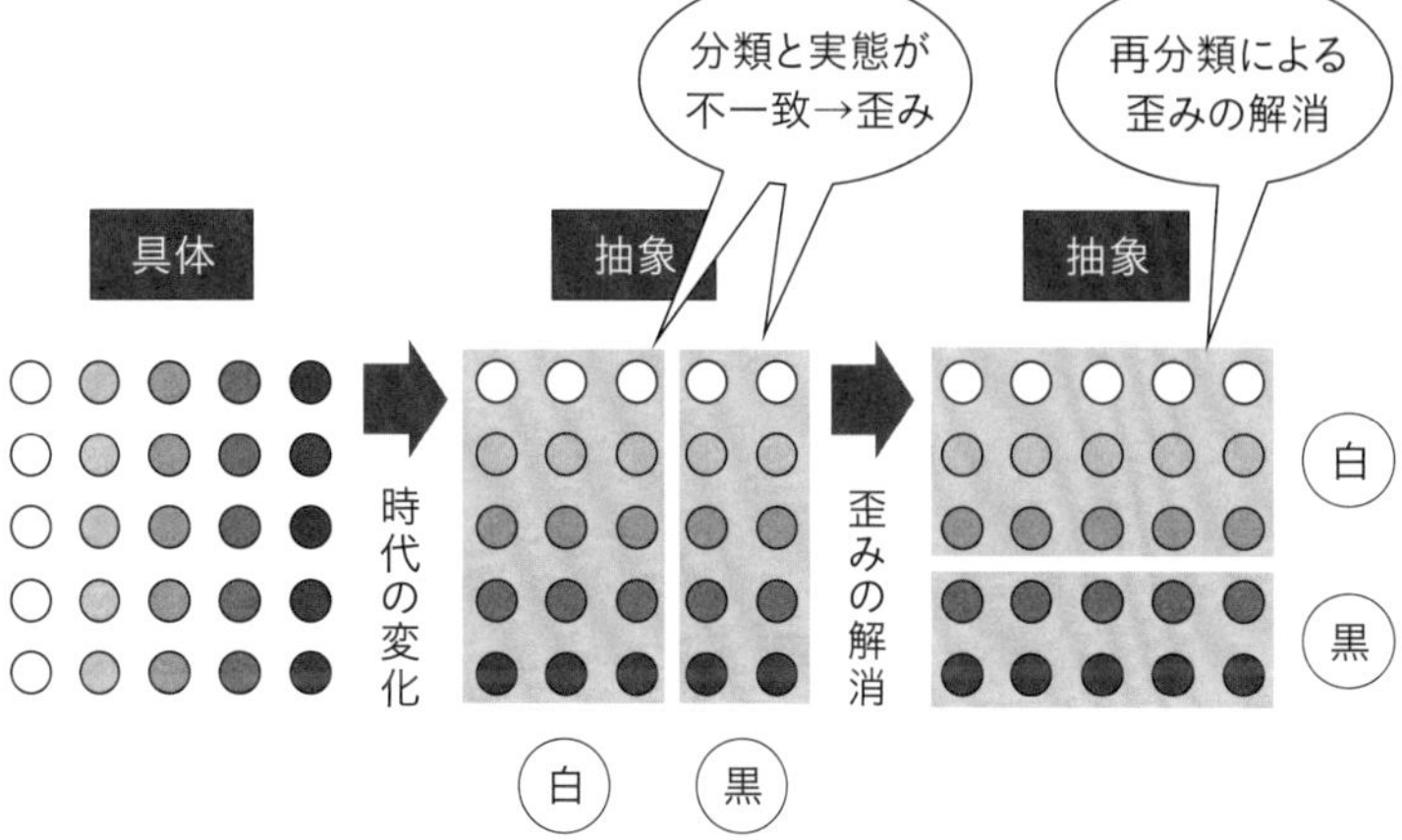

を各々a、b、斜辺の長さをcと置くと、

$$a^2 + b^2 = c^2$$

が成立するという定理です。

しかしその後、ピタゴラスの学派がぶつかった数学上の「歪み」とは、いくつかの典型的な三角形において三平方の定理から斜辺を求めると、それがそれまでに数のすべてであると信じられていた整数と整数の比＝有理数では説明できない数となってしまう、ということでした。a=3, b=4, c=5 であればすべてが整数で成立しますが、a=1, b=1であれば、cはルート2となってしまい、1.4142…という無理数になってしまいます。

これはピタゴラスたちが見出した「数」の定義からは逸脱したものでした。だからこそ、いま多くの人たちは、二辺が1の長さの二等辺三角形の斜辺が「ルート2」であるというように、三平方の定理の解の例として「平方根（ルート）」という概念を学んでいるのです。

時代の変化は「その他」に属するものから

現実社会においてこのような「歪み」がどこから現れるかといえば、いわゆる「その他」の分類に属するものから、と答えられるでしょう。

たとえば、各種のアンケート調査では回答者の属性を聞く項目があります。ビジネスにおけるイベントやセミナーなどでは「職業」「職種」「部門」「業界」のような選択肢が提示されますが、ほぼすべてに「その他」という選択肢が用意されています。

そこで「その他」を選ばなければならないのは「既存のカテゴリーに入らない人」ですが、この「既存のカテゴリー」こそ「ストックとしての抽象」です。「業界」でいえば「自動車業界」「広告業界」「アパレル業界」などのカテゴリーが挙げられるなかで、新しい業界横断的なビジネス、たとえばDefi（ブロックチェーンに基づく分散型金融の総称）は「金融」なのか

図4-11「歪み」は「その他」から生まれる

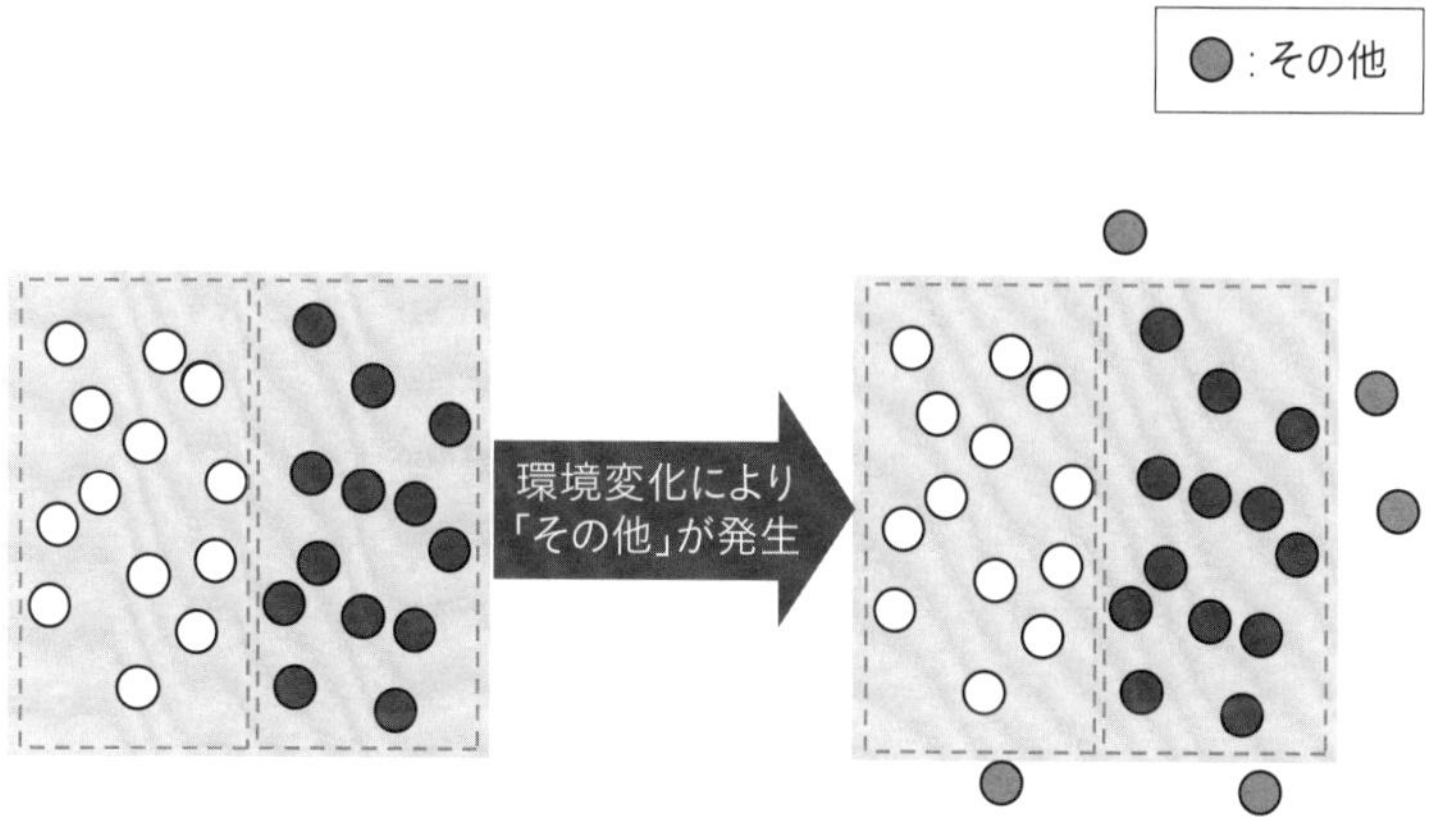

「IT」なのかとなって、「その他」と答えざるをえなくなります。

ところが、この「その他」に分類されるものでも数が多くなって市民権を得るようになると、一つの新しい業界として認知され（「フローとしての抽象」）、いずれそれは「ストックとしての抽象」となり、アンケートの正式な選択肢として認知されていきます。

職種でも部門でもこれは同様です。最近ではCXOというかたちで特定の領域を専門とする役職が次々に現れてきていますが、こうした役職の名称も同じような流れをたどります（近年、市民権を得た役職といえば、CIO（Chief Information Officer、最高情報責任者）などでしょう）。

分類が固定化されたあとに世の中の変化に

図4-12 歪みの修正のメカニズム

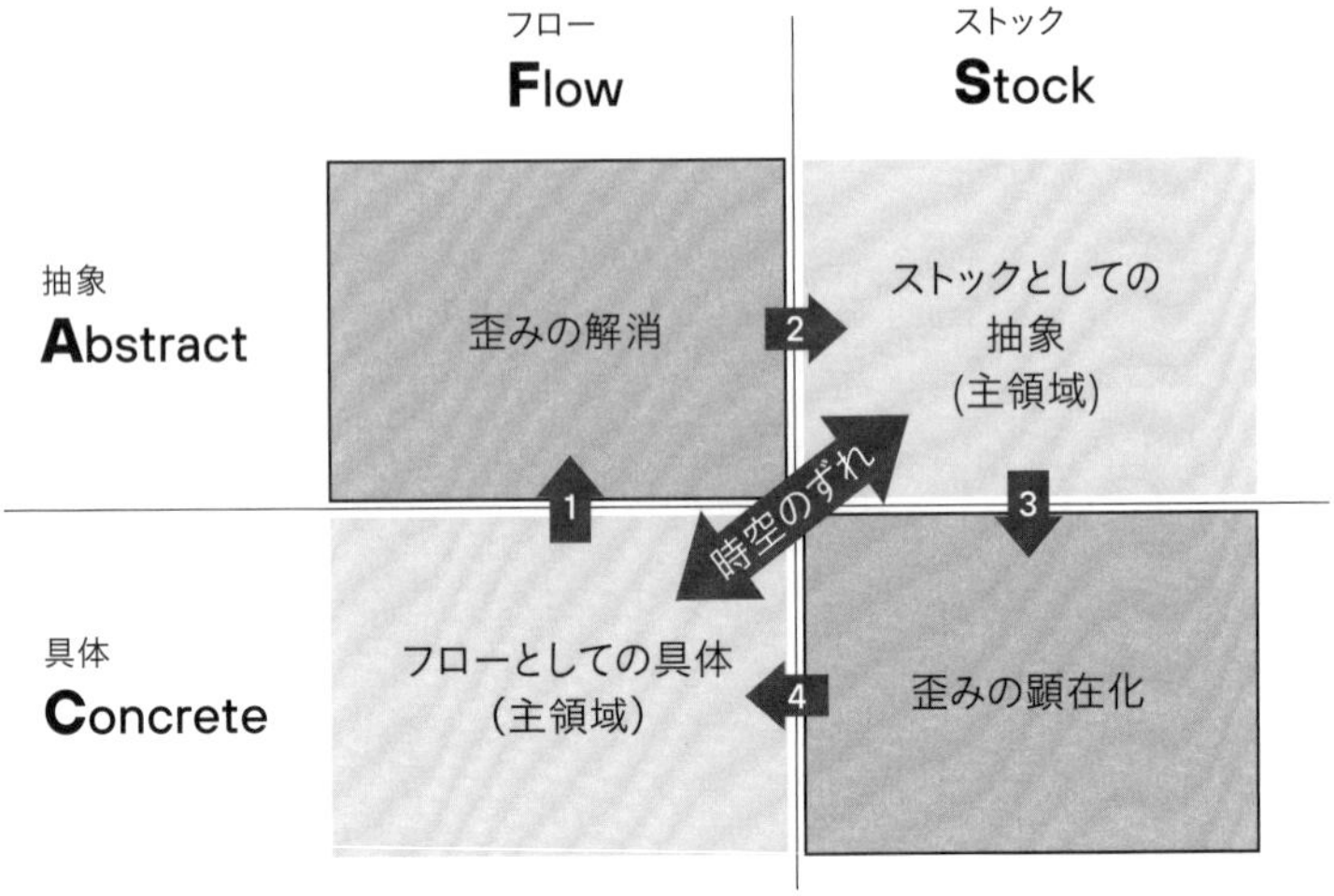

よって生まれる「新しい具体」はいずれも、「既存ストック」の抽象からはみ出るかたちとなり、「その他」として認知されたあとに新たな分類として市民権を得ていくのです。

重ねていえば、こうした「歪み」がもたらされるのは、抽象化という「パッケージング技術」自体が諸刃の剣であるからです。「パッケージング技術」は時空を超えた汎用性をもたらすというとてつもないメリットがある一方、「時空に関する歪み」を生じさせます。一瞬一瞬で姿形を変え、フローとの相性がよい具体と、パッケージングというかたちで時空を止めてそれを固定化することができるためにストックとの相性がよい抽象とのあいだには、構造的に空間的・時間的なずれが生じる宿命があり、その修正過程が「CAFSマトリックス」のサイクルによる世の中の動きということになります。

「具体と抽象」の主領域として右上と左下の領域のあいだに生じる歪みの修正メカニズムとして、右下の領域が歪みの顕在化を担い、左上の領域がその解消を担う、ということが「CAFSマトリックス」から導けます（図4－12）。こうして具体と抽象の二層構造からなる私たちの人間世界が動いているのです。

これまでに見てきたような、テクノロジーの変化によって旧テクノロジーで定められたルールやプロセスが陳腐化する、社会の変化によって需要と供給のバランスが崩れる、ルールが時代にそぐわなくなるなどの歪みはいずれも、固定化された世界であるストック（としての具体）の世界で顕在化し、抽象概念としてのルールやフレームワークを組み直すフロー（としての抽象）の世界で解消されていくのです。

「線引きの変更」による「歪み」の解消

具体的な「歪み」の解消としてもっともよく行なわれるのが、抽象化で行なわれた「線引き」が変更され、新たな「線引き」が再度行なわれる、ということでしょう。

「線引き」の例としてわかりやすいのが、国境線などの地域の区分変更です。いうまでもなく、自然が生み出した大地の上にある国と国とのあいだに国境という物理的な線が引かれているわけではありませんが、多くの人にとって国境は「見えない壁」となって立ちはだかり、同時に仕組みやルールという抽象とセットになって頭のなかに存在します。国境を隔てた「隣人同士」のあいだの紛争や戦いは、世界史上でも数えきれません。

日本でいえば、明治維新前後における地域の「線引き」の変化がわかりやすいでしょう。そこで起こった「同次元の線の引き直し」とは、もちろん「廃藩置県」です。当時の人々のアイデンティティの最大単位は藩であり、自分の所属はどこかと聞かれれば、「○○藩」と答えることが一般的でした。

まずはその線が県という新たな行政単位によって引き直され、藩という区切りは消滅しました。

しかし、そこで当時の日本人にもたらされたのはそのような同次元の変化だけではなく、自分のアイデンティティの単位そのものの変化でした。そこで「国」という一つ上の概念が登場したのです。

廃藩置県によって、それまでは国といえば藩のことを指していたのが、現在と同じようにそれが「日本」という単位になりました。かつての戦は藩と藩との「国盗り合戦」でしたが、海外からの外敵の存在という非常事態によって、自らが拠って立つアイデンティティ自体が変化したのです。

地域のくくりの単位が一つ上の概念へ移行したという点で、こうした例はこれから述べる「CAFSマトリックス」のレイヤー間の移動の一パターンを示すものであるといえます（「国」という意識が強くなることで、いまや「都道府県同士の戦争などありえない」ことを考えれば、さらにマトリックスが次のステージに上がって国家間の紛争がなくなるのは、地球外からの外敵が来ることで私たちが「地球人」というアイデンティティをもてる日が来るまでを待つ必要があるのかもしれません）。

一つのサイクルから複数のサイクルへ

こうした「歪み」によって「CAFSマトリックス」の一周（一つのライフサイクル）が完了するわけですが、もちろんのこと、実際にはこのマトリックスはかたちを変えて「次のサイクル」となって進んでいきます。本章の結びとして、「歪み」によって次のライフサイクルが始まっていく点について、もう少しフォーカスしてみましょう。

単数のライフサイクルが複数のライフサイクルになり、フェーズが変わるタイミングにどんなことが起きるのか、マトリックスを使って見ていきます。

「CAFSマトリックス」のベースになっているのは、縦軸側の「具体と抽象」における抽象化と具体化すなわち「具体と抽象の往復」であるとともに、横軸側の「フローとストック」におけるフロー↓ストックの「不可逆性」でした。

あらためて考えると、縦軸が往復というかたちで双方向であるのに対し、横軸は不可逆性をもった一方向であることが、このマトリックスの特徴であることがわかります。

もう少し正確にいえば、フローからストックが不可逆的つまり「一方向」であるということは、このマトリックスが連続したサイクルにはならない、ということです。本章の一九二ページで述べた4の部分の移動(「ストックとしての具体」から「フローとしての具体」へ)については、1、2、3の移動とは少し異なります。図解しながら説明していきましょう(図4−13)。

一つの「CAFSマトリックス」のサイクルが一周したあとに起きる「不連続な変化」は、何らかの世代交代やプレイヤーの交代によってもたらされます。つまり、このストック↓

図4-13「CAFSマトリックス」の不連続な変化

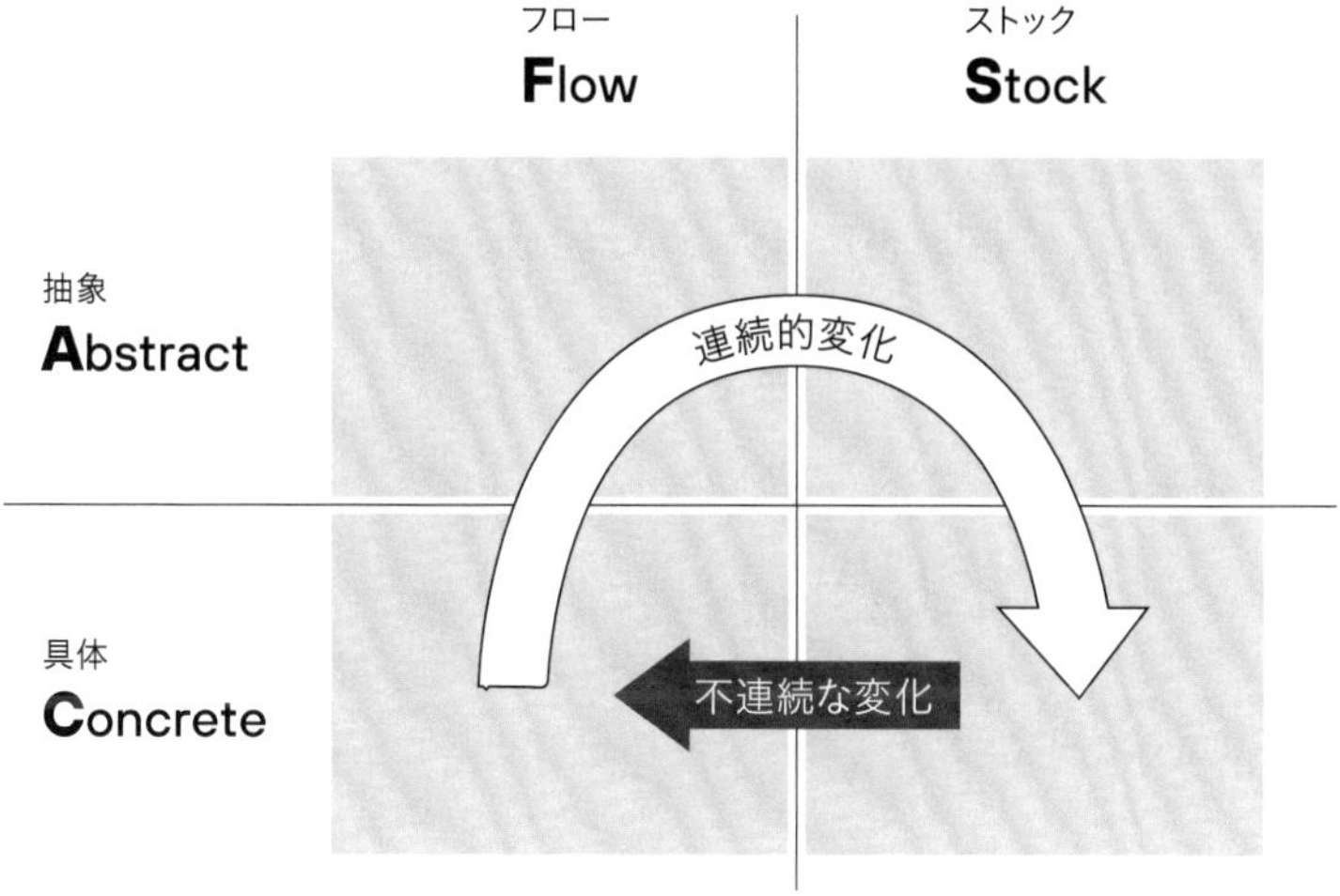

フローという、普段であれば起こらない流れは不連続かつ、何らかの外力が必要とされるのです。

例を挙げながら考えます。先に小さな子供から大人にかけての学び、組織の栄枯盛衰、あるいはイノベーションは、すべて同じようなサイクルになっている、と述べました。

ここで小さな子供から大人にかけての学びを再度取り上げれば、子供たちはまず左下の具体の領域から始まって左上の抽象の領域に上がるかたちで学び（もっともわかりやすいのが言葉の習得です）、そこからそうした言葉（≒概念）を右上の領域で蓄積することで知識を習得し、それを具体的な事象に

図4-14 次のサイクルはどこから生まれるか

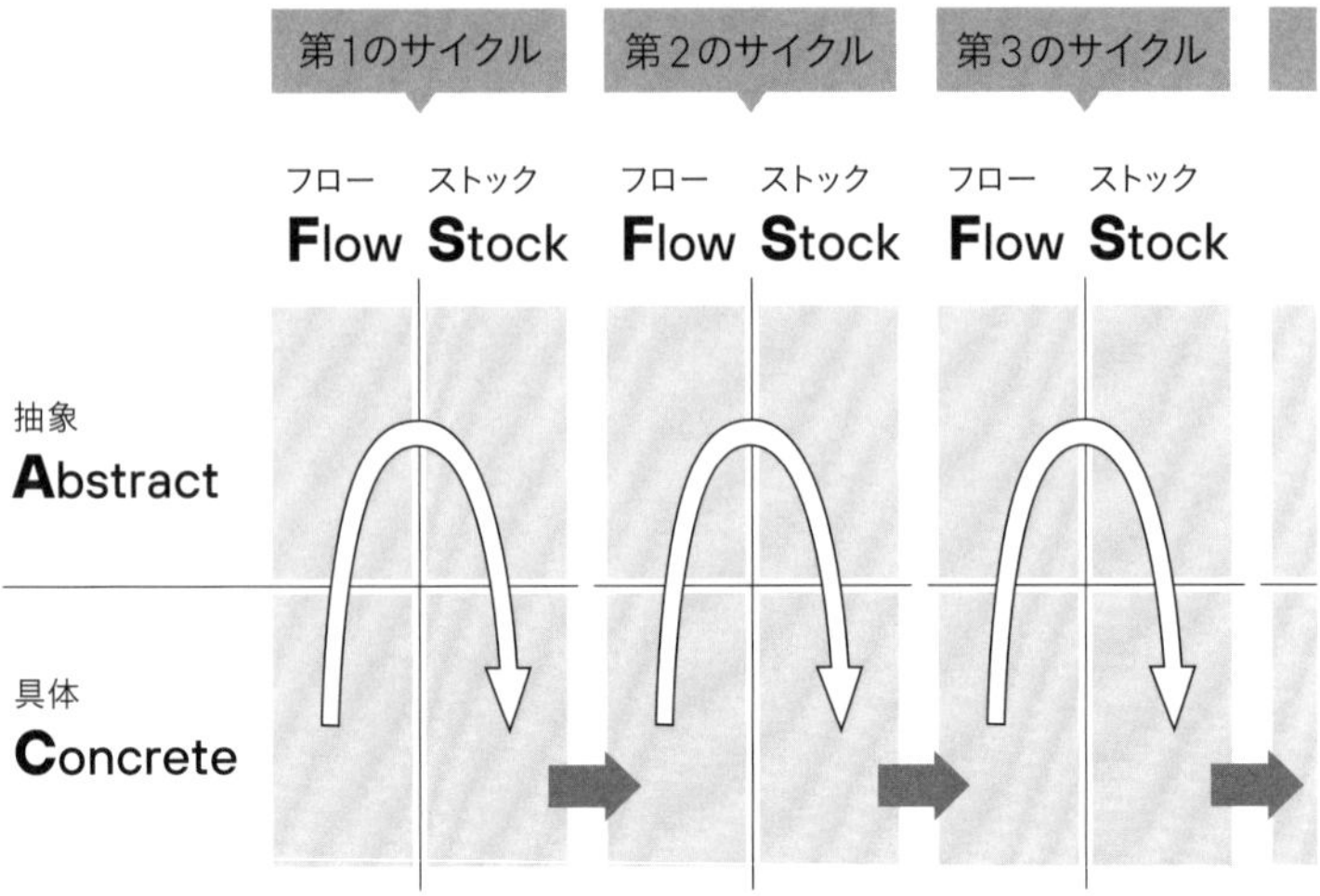

当てはめる（「ストックとしての具体」）ことによって、大人としての生活を豊かにしていきます。

　高齢者になるとしばしば、その固定化された知識が「古い常識」や「陳腐化した知識」となって、社会の障害となるであろうころには、そろそろ寿命が見えてきます。「時代の変化と常識のギャップによる歪み」は、その生命の終焉《しゅうえん》および次世代への「世代交代」というかたちでリセットされ、また次の世代の「フローとしての具体」から再スタートするのです。

　「フローとストック」だけを抜き出せば、「フロー→ストック」の単位が一つのサイクルであり、さらに「次のフロー→ストック」がつながって、さらに次の「次のフロー→ストック」になる、という具合です（図4－14）。

ある技術によって生み出された製品が普及し、それが技術変化によって新たなイノベーションに置き換えられていくというこの流れは、たとえば、固定電話から携帯電話（ガラケー）、さらにはスマートフォンへと至る変化を思い浮かべていただければ、よく理解できるでしょう。

そこではたんにモノが入れ換わるだけではなく、人々の頭のなかにある「ストックとしての抽象」もアップデートされているのです。

「常識」の変化と「デフォルトの転換」

第3章で、「常識」とは「ストックとしての抽象」の典型例である、と述べました。常識であることとないことのあいだに「線引き」がされて、その両側で、常識か、非常識かが人々のあいだで共有されるわけですが、この常識が変化するタイミングがあります。そのタイミングこそ、「CAFSマトリックス」が次のサイクルへ入る瞬間です。

このタイミングで起こるのが「デフォルトの転換」です。ここでいうデフォルトとは、コンピュータ用語としてよく用いられる「とくに指定がない場合に自動的に指すもの」を意味します。

たとえば、インターネット上の支払いで複数のクレジットカードを登録している場合、とくに指定がない場合に自動的に優先的に用いられるカードが「デフォルトのカード」と呼ばれたりします。

人間社会でも「黙っていればあるものを自動的に指している」ことが一定の人々のあいだに共有されているケースがあります。カフェでコーヒーを頼むとき、「コーヒー」とだけいえば、一般にはホットコーヒーを指すことがほとんどでしょう。

ところがこの常識は、夏になると変化します。真夏の屋外で注文する場合には、「コーヒー」とだけいえば(あえてホットといわなければ)、「アイス」を指す場合もあるはずです。これが「デフォルトが転換している」状態です。

コーヒーの例は季節による一過性のものですが、これが、時代とともに変化することもあります。コロナ禍で変化したことの一つに、テレワークがそれなりに進んだビジネスの世界では、「打ち合わせしましょう」とだけいえば、オンラインミーティングを指すことが多くなりました。ここでも「打ち合わせ」の「デフォルトが転換」していることがわかります。

ほかにも電子メールの普及によって、「メール」といえば物理的な郵便ではなく電子メールを指すようになったこと、キャッシュレスが進むにつれて、「デジタルマネー使えます」という表示から「現金は使えません」という表示が増えてきたことなど、技術変化によるデフォルトの転換をいくらでも挙げることができます。

これを「ストックとしての抽象」の視点から見れば、「線引き」の線自体は変化していなくとも、「どちらが常識か」という側が反転したという点で分類が変更されたといえます。また、この状況における「歪み」とは、過渡期におけるデフォルトの勘違いによる混乱（オンライン会議だと思っていたら対面だったとか、現金を持ち歩いていなくて支払いができなかったとか、携帯電話では会員登録ができなかったとか）を意味しています。

もしかすると生成ＡＩの登場は、この「デフォルトの変更」を一気に推し進める可能性を秘めているのかもしれません。生成ＡＩによるコンテンツの爆発的な増大が起きることで、リアルとフェイクの位置づけが逆転するかもしれないからです。

生成ＡＩの登場までは、基本的にはインターネット上のコンテンツはリアルに存在するものである、という前提で人々は行動していました。しかしフェイク画像や動画、あるいはニュースなどがＡＩによって簡単に自動生成できるようになると、今後は「インターネット上のコンテンツの真偽は不明である」という前提で思考する必要が出てくるかもしれません。

おそらくしばらくのあいだ、「フェイクに騙《だま》された」という事例が続出するように思われます。それが続くことによって、新しい「歪み」として世間のデフォルトが反転し、フェイクを前提にしたデータ活用のほうがメインになる日が来るかもしれません。そうなれば、今度はその世界を前提にしたフレームワークが新しいフローの世界から生まれてくることも、ある程度は予想できるでしょう。

パラダイムから見た「ＣＡＦＳマトリックス」

科学の進化の過程に関しても「ＣＡＦＳマトリックス」を用いた説明ができることは、すでに述べたとおりです。ここでは科学の進化を「蓄積」ではなく、蓄積に加えた不連続な革命的な進化の組み合わせによって説明した二十世紀の科学哲学者トマス・Ｓ・クーンが、その著書『科学革命の構造』（みすず書房）で語った議論を、筆者の理解を基に「ＣＡＦＳ

マトリックス」に対応させてみます。

クーンは科学の進化を「パラダイム」という言葉を用いて説明しました。同書の冒頭でクーンは、「パラダイムとは、広く認められた科学的成果であって、現場の研究者コミュニティーに対し、一定期間、模範とすべき問題および答えを与えるものだ」と語っています。

科学の進化では、パラダイムが変化しないままに発展する「通常科学」の状態がしばらく続いたのち、そのパラダイムでは説明できないアノマリーが発見され、そうしたアノマリーを説明するための新しい仮説が誕生して、それがまた次のパラダイムとなって新たな通常科学へと変化する（クーンはそれを「科学革命」と呼びます）道をたどるということが、クーンの提唱したパラダイムの変革による科学の進化のモデルです。

すでにおわかりのように、この流れは「CAFSマトリックス」を用いて解説してきた社会の流れと基本的に合致しています。「CAFSマトリックス」と「科学革命の構造」との対応を整理して図示すれば、図4－15のようになるでしょう。

科学が連続的な変化でなく、パラダイムが更新されることによって不連続な変化を伴うという点は、「CAFSマトリックス」が次の世代へと更新されていくという過程に一致し、その各々のレイヤーが一つひとつの「パラダイム」に相当すると考えてもよいでしょう。

また、クーンの「通常科学」という言葉は、本書でいう「ストックとしての抽象」「ストックとしての具体」の一面といえます。その前の段階として数多くの理論的な仮説が並列し、そのなかで説明力の高い考え方が一つの確立された理論となり、さらに一つのパラダイムとして確立しながら共通認識としてさまざまな科学者の拠りどころになるのが、このストックの領域です。

そこでしばらくのあいだ、パラダイムによって科学が発展しながら、そのうちにさまざまなアノマリーが発見されていきます。

これらのアノマリーがある程度共有されたあと、それを説明するための数々の仮説が新しい科学者によって提唱されます。これが新しい「フローとしての抽象」に相当します。そして複数の仮説のなかで生き残り、共通認識として確立されたものが次の「ストックとしての抽象」となって、新たなパラダイムを形成していくのです。

クーンは『科学革命の構造』のなかで、通常科学に疑問が呈されて新しいパラダイムへの移行が図られた例として、「天動説から地動説へ」「酸素の発見」「ニュートン力学から相対論的力学へ」などを挙げています。

図4-15「CAFSマトリックス」と「科学革命の構造」

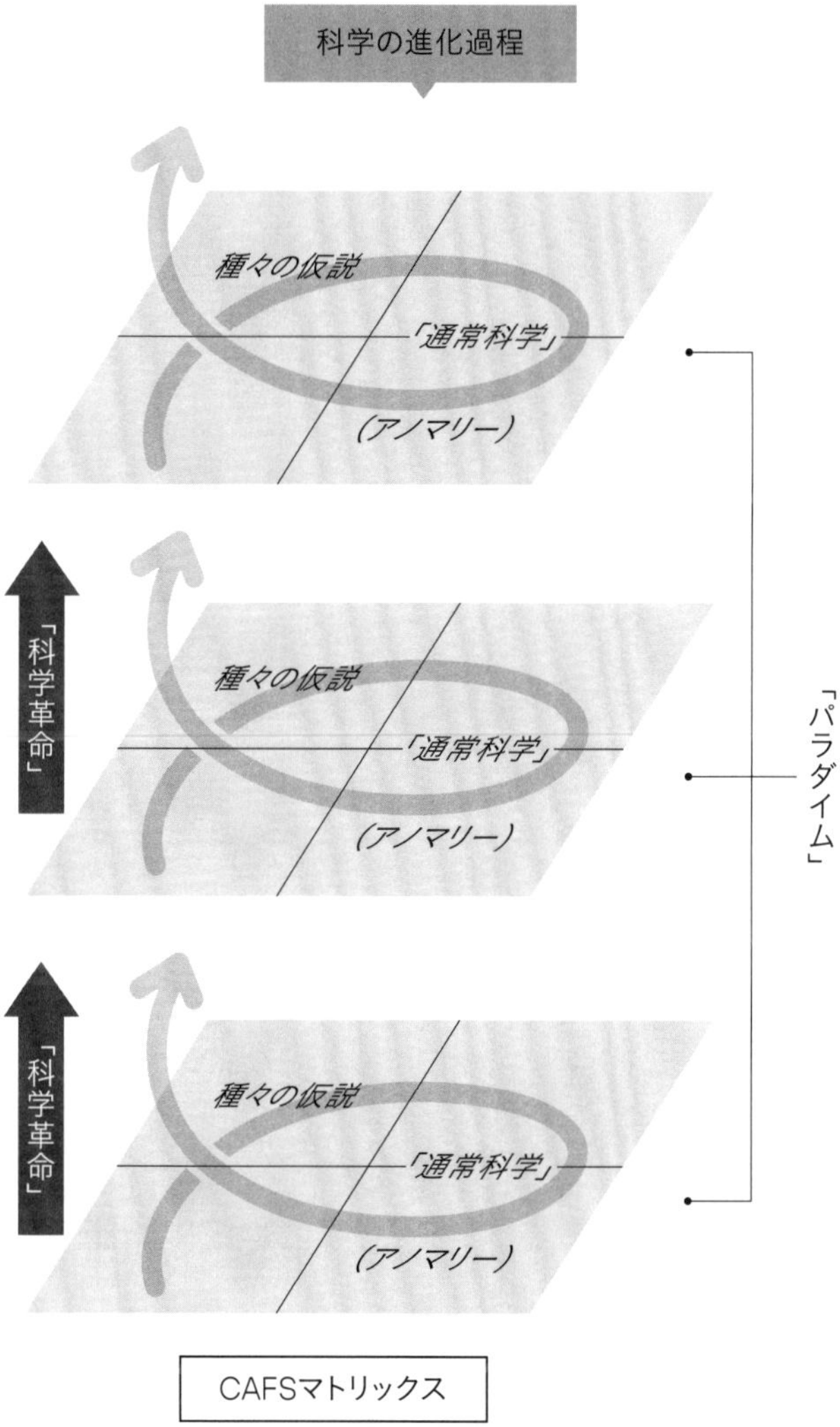

詳しい内容は同書に譲りますが、いずれもそれまでの科学理論では論じられないアノマリーを説明するために新しい理論が構築されたという点で、不連続のなかから新たな「フローとしての抽象」が生み出された例であるといえるでしょう。

日々の事象の構造を理解し、仮説を立てよう

本章では「CAFSマトリックス」を動的に用いることにより、多様な視点から社会の動きを読み解いてきました。

人間が具体と抽象を往復しながら新しい仕組みをつくり、そこから導かれる思考やルールのパターンで実際の生活を営みながら、時間の経過とともにさまざまな歪みを経験し、そこに目をつけたイノベーターがまた新たな仕組みづくりをすることで、世界は次のステージへと導かれていきます。

こうした動きをもたらすのが人間が根源的に有している抽象化能力をはじめとする思考力や、それを知識やルールとして捉える「ストックとしての抽象」の力であるということに鑑みれば、今後も類似のパターンで世の中が動いていくことは容易に予想できます。

ぜひ、ご自身の身の回りの日々の事象にこのマトリックスを当てはめてみることで、現状の動きの構造を理解するとともに、そこで発生している歪みをいち早く察知し、一歩先んじた将来の仮説を立て、生活や仕事の場で検証を続けてもらえればと思います。

終　章

「CAFSマトリックス」のリアルな使い方

過去の事象や歴史上の出来事に当てはめる

本書では「フローとストック」「具体と抽象」、そして「CAFSマトリックス」について概観しながら、いま一度述べれば「世の中の具体的な個別の事象を抽象度を上げて連続的に捉えることで、その変化のメカニズムからさまざまな事象を説明し、次に起きる出来事の予想を可能にする」ことをめざしてきました。

そうした議論のなかで、すでに自分の身の回りの事象に「CAFSマトリックス」を当てはめながら、想像力を膨らませた読者の方も少なくないと思います。

結びとなる終章ではより実用性を意識し、これらのフレームワークをどうやって個々の事象に当てはめるかということについてのヒントを提供することで、現実世界への橋渡しを行なってみます。

まずは自らが知っている、過去に起こった事象や歴史上の重要な出来事などを「CAFSマトリックス」に当てはめてみてください。その多く、とくに世の中の価値観を変えるような事象のかなりの部分をそれによって説明できることが、あらためて理解できるでしょう。

たとえば、

●イノベーターと呼ばれる多くの人たちは、幼少時代や世に出る前は「変わり者」といわれたり、「迫害」（「そんなことできるわけない」「絶対にうまくいかない」と多数派に批判されたりしている（本書でいう「歪み」の状態であり、「フロー型」思考回路と「ストック型」思考回路の軋轢の典型例です）。

●ところがいざ、革新的な製品や事象がある程度世の中で認知されはじめた途端、多数派は「手のひら返し」する（抽象がストックとなった瞬間、態度が変わる「ストック型」思考回路の典型的な反応です）。

●革新的変化を生み出すイノベーターは判で押したように「常識にとらわれるな」「他人と違うことをやれ」と繰り返すが、大多数の人はそもそも「常識にとらわれている」という状態が理解できないため、この構図が永久に繰り返される。

というような流れが、ありとあらゆる事象の大半に当てはまる、とわかるはずです。

「技術による世界の歪み」を見つけ出そう

一方で、世の中の新しい流れの芽を見出すためには、本書で表現した「歪み」を見つけることがきっかけの一つになります。とくに近年のようにデジタル技術を中心としたテクノロジーの発展がすさまじい時代の目のつけどころは、「技術による世界の歪み」を見つけてみることです。

この「歪み」とは簡潔にいえば、テクノロジーの変化に世の中の規範（「ストックとしての抽象」）が追いつかず、不都合が生じている状態です。

たとえば、

- 歩きスマホ（便利なツールで人々が四六時中使いたくなったが、交通インフラや街の仕組みがそのようにできていない）
- 学校の宿題（生成ＡＩによって、単純な宿題はＡＩが行なえてしまい、かつそれがＡＩによるものであるという区別がつかない）
- 言葉の乱れ（従来の文法や「正しい」読み方でない語法が多数派になる）

などが例となるでしょう。

こうしたケースで「ストック型」思考回路の人がとりがちな行動は、これらを「禁止」したり、「教育によって矯正《きょうせい》」することです。一方で「フロー型」思考回路の人はそれを「変革のチャンス」と捉えます。

もちろん世の中の大部分の人は「ストック型」思考回路ですから、そこで軋轢が起こって「ＣＡＦＳマトリックス」の次のサイクルが始まる……というようなかたちで、時代は先に進んでいくのです。

あるいは、テクノロジーの変化によって社会の枠組みが変わっているにもかかわらず、それまでの「ストックとしての抽象」、つまりビジネスプロセスやフレームワークを「そのまま」新しい技術に適用している結果、そこに「歪み」が生じる場合もあります。

たとえばキャッシュレス化による仕事の手順（現金に比べて「おつり」のプロセスがなくなるなど）、ＥＶ化や自動運転化による旧来のガソリン＋マニュアル運転のやり方（駐車場や人の動線のあり方）などを再考するなかで、そこに「歪み」を発見できれば、そこから新たな芽が見つけられるかもしれません。

「歪み」がリセットされない世界が訪れる？

さらには、こうした「歪み」を見つけ出すだけではなく、これからの技術変化によってこの「歪み」というあり方自体がどうなるのか、と問うてみることも、新たな視点をもたらしてくれるかもしれません。

本書で繰り返し述べてきたように、人類はこれまでさまざまな「サイクル」を繰り返して生きてきました。もっともわかりやすいのが「世代交代」という親から子へ、子から孫へという文字どおりのライフサイクルの入れ替わりであることも、先に論じたとおりです。

ここでいう「一生」とは、単純に子供が成人し、成熟したあとに年老いて死んでいくという肉体的な一生であると同時に、思考のフロー→知識のストックという点でのライフサイクルの一生でもあります。

人間はお金やモノは次世代に「相続」できても、知識や経験は簡単には相続できません。もちろん人類全体ではさまざまな知識を継承していますが、個人の知識や経験は人間の死とともに、肉体と一緒に「墓場に行く」ことになります。

そして新たな人間が生まれると、彼らはまた先の世代と同じ学習を一からやり直します。

たとえば子供たちは、大人たちがみな子供時代に習った漢字や九九をまた一からやり直して同じ勉強をするわけですが、考えてみれば、これは「膨大な時間の無駄」である、と思う人もいるでしょう。

もしかすると、この「膨大な時間の無駄」は、不老不死の世界が訪れることで徐々になくなっていく可能性もありますが、ならば、そうした世界が訪れてみながハッピーになれるのかといえば、そんなこともないのかもしれません。

「CAFSマトリックス」のフレームワークで考えれば、不老不死が訪れるとはすなわち、サイクルがリセットされて次のサイクルに行かないという状態です。そこでは「ストックとしての抽象」が更新されないために、「いつまでたっても進歩がない」という可能性が起こりえます。

近い将来、漢字や九九を幼少期に「脳にアップロードする」という機能が実現するかもしれません。こうなると、「フローとしての抽象」を通してアップグレードされていた漢字や計算方法が、いつまでたっても同じものにとどまる可能性も出てきます。

「CAFSマトリックス」のサイクルが途中で固定化してしまい、進化が止まってしまうかもしれないということは、一見、「膨大な時間の無駄」に見えた幼少期のアップデート作業には、人類の進化を考えるうえでは大きな意味があった、ということなのかもしれません。

最後に、こうした将来の仮説に対する反応も、「フロー型」思考回路と「ストック型」思考回路では大きく二つに分かれます。「フロー型」思考回路の人は「唯一の正解はないから、せっかくだからいろいろ思考実験してみよう」となる一方で、「ストック型」思考回路の人は「次はどうなるのか教えてください」となるのが、その常です。

本書の基本的なスタンスが「考え方を提示しますから、あとはみなさんで考えてくださ い」というものであるとすれば、主にどちらの思考回路に向けてのものかは自明だといえます。ぜひ読者の方はこうして世界を見ることで、自分なりの仮説（「フローとしての抽象」）を立て、さまざまなかたちでそれを検証しながら前に進んでいただきたいと思います。

おわりに

読了いただき、ありがとうございました。

二十世紀を代表する曲の一つといわれているジョン・レノンの『イマジン』で、「○○がないと想像してごらん」の○○に挙げられているものに「天国（と地獄）」「国家」そして「所有」があります。

これらはまさに、本書でいう「ストックとしての抽象」です。人類の歴史において人々の頭のなかを「占領」し、人類の生活をはてしなく豊かにするとともに、とんでもない災いをも同時に生み出してきたものの代表といえるでしょう。

つまり、この曲のメッセージを本書の主張に当てはめれば、「『ストックとしての抽象』をリセットして、『フローとしての具体』から考え直してみよう」となるのではないでしょうか。

そう見なせば、この曲も典型的な「歪みを解消したい」というイノベーターの思考回路の産物といえるのかもしれません。

＊

人類の知的能力の源泉といってもよい抽象化という能力が、知のストックというとんでもない「諸刃の剣」を生み出し、少し大げさにいえば、それによって人類の歴史は営まれてきました。近い将来、ＡＩがこのとんでもない「諸刃の剣」の人類にとっての位置づけを大きく変える可能性も見据えつつ、私たちは当面、この「モンスター」と上手に付き合っていく必要があります。

そもそも、本書の提示する「ＣＡＦＳマトリックス」という「書籍化されたフレームワーク」そのものが、「ストックとしての抽象」です。これをまず読者の方にとっての日々の仕事や生活という具体に活用してもらうとともに、そこに現れるかもしれない「歪み」を見つけてさらなる抽象化を試みることを実践していただければ、本書の「ストックとしての抽象」の役割は果たされるはずです。

＊

最後に、本書の企画から原稿の仕上げに至るまで、辛抱強く熱心にお付き合いいただきました株式会社ＫＡＤＯＫＡＷＡの藤岡岳哉さんに感謝申し上げます。また、本書の完成、および読者に届けるチャネルにご尽力いただいた関係者のみなさますべてに、感謝いたします。

細谷　功

細谷《ほそや》 功《いさお》　ビジネスコンサルタント・著述家

神奈川県生まれ。株式会社東芝を経て、アーンスト・アンド・ヤング、キャップジェミニ、クニエなどの外資系/日系のグローバル・コンサルティングファームにて業務改革などのコンサルティングに従事したのち、独立。近年は思考力や「具体と抽象」に関する講演やセミナーを、企業や各種団体、大学などに対して国内外で実施。著書に、『地頭力を鍛える 問題解決に活かす「フェルミ推定」』（東洋経済新報社）、『具体と抽象 世界が変わって見える知性のしくみ』（dZERO）、『「具体⇄抽象」トレーニング 思考力が飛躍的にアップする29問』（PHPビジネス新書）などがある。

装丁：三森健太（JUNGLE）
DTP：有限会社エヴリ・シンク
作図：曽根田栄夫（ソネタフィニッシュワーク）

フローとストック
世界《せかい》の先《さき》が読《よ》める「思考《しこう》」と「知識《ちしき》」の法則《ほうそく》

2024年4月22日　初版発行

著者／細谷《ほそや》 功《いさお》

発行者／山下 直久

発行／株式会社KADOKAWA
〒102-8177　東京都千代田区富士見2-13-3
電話 0570-002-301（ナビダイヤル）

印刷所／大日本印刷株式会社

製本所／大日本印刷株式会社

●お問い合わせ
https://www.kadokawa.co.jp/（「お問い合わせ」へお進みください）
※内容によっては、お答えできない場合があります。
※サポートは日本国内のみとさせていただきます。
※Japanese text only

定価はカバーに表示してあります。

ISBN 978-4-04-605473-9　C0030